基于"新经济"的
市场营销战略与产品策略研究

李艳蕊 ● 著

吉林人民出版社

图书在版编目 (CIP) 数据

基于"新经济"的市场营销战略与产品策略研究 /
李艳蕊著 . –– 长春 : 吉林人民出版社 , 2022.7
ISBN 978-7-206-19254-8

Ⅰ . ①基… Ⅱ . ①李… Ⅲ . ①市场营销 – 营销战略 –
研究②产品策略 – 研究 Ⅳ . ① F713.54 ② F273.2

中国版本图书馆 CIP 数据核字 (2022) 第 164897 号

基于"新经济"的市场营销战略与产品策略研究

JIYU " XINJINGJI " DE SHICHANG YINGXIAO ZHANLÜE YU CHANPIN CELÜE YANJIU

著　　者：李艳蕊
责任编辑：李　爽　　　　　　　封面设计：史海燕
吉林人民出版社出版 发行（长春市人民大街 7548 号）　邮政编码：130022
印　　刷：吉林省良原印业有限公司
开　　本：710mm × 1000mm　　　　　1/16
印　　张：11　　　　　　　　　字　　数：201 千字
标准书号：ISBN 978-7-206-19254-8
版　　次：2022 年 7 月第 1 版　　　印　　次：2022 年 7 月第 1 次印刷
定　　价：59.00 元

目　录

第一章　绪论

新经济时代的到来意味着企业发展的模式只有不断作出战略性转变才能维持可持续发展姿态，最终实现又好又快发展，反之则会被时代所淘汰。为此，国内外众多学者就企业市场营销战略和产品策略方面进行深入的研究与探索，其目的是更好地适应时代发展的大趋势，为营造理想的经济发展大环境提供理论支撑。但是笔者经过广泛地搜索、整理、归纳、分析文献资料，发现针对市场营销战略体系和产品策略创新路径构建的完整性方面，还存在一定的可完善空间。基于此，本书将国内外学者研究现状和相关概念界定进行系统论述，进而为彰显本书创作的价值奠定坚实的理论基础。

第一节 核心概念界定

一、新经济的概念总结

目前，全球范围内还没有对"新经济"的概念作权威界定，也没有对"新经济企业"设定统一而权威的测算标准，所以本文所采用的关于"新经济"的相关概念是在分析国内外研究文献基础上总结出来的。

从学术内含上来讲，新经济主要是指与现代信息技术、网络技术、新能源等新技术相关的新产业、新业态和新模式。而随着实践的不断深入，新经济的内涵不断扩展，仅用信息技术产业化来概括新经济已经不够准确了。当前的"新经济"已经成为一个相对的概念，相对于以传统工业为支柱产业、以自然资源为主要依托的"传统经济"，"新经济"表现为以高新技术产业为支柱产业，以智力资源为主要依托的"新型经济"。从实际发展情况看，新经济已经表现出更多的外延，通过分析相关文献，本文将新经济的外延总结为以下三种。

第一，与新一代信息技术相关的新产业，都可以看作"新经济"内含的延伸。其主要包括与新一代信息技术相结合而形成的新兴产业，典型代表是"互联网＋"所创造的新产业，如关系着国家综合实力的高端制造业就是移动互联网技术与现代制造业相结合的产物；互联网技术与传统服务业的深入融合而创造出来的电子商务、移动医疗服务等；当然，还包括新一代信息技术的直接产业化，如大数据产业等。

第二，以新能源、人工智能、电子生物、新材料、3D 打印等为核心的新兴产业。这些被称为"第三次工业革命"的新技术，在过去是没有的，它们在创新的浪潮中产生，对人类生活、劳动分工、产业结构调整和世界经济发展的影响将比信息技术革命更加深远，并会在未来带来颠覆性的社会变革。

第三，在传统产业中引进新技术而形成的新产业。新经济脱胎于传统经济，又超越传统经济。我们需要强调，新经济绝不是去实体化、去制造业化，相反，它是通过工业智能化等新技术实现传统产业提档升级，新兴产业优质发展，新经济使第一、第二、第三产业不再有明显的界限，旧产业重生为新产业，如农业实现工业化生产、直接电解海水技术使得淡水资源不再稀缺、可控核聚变技术在社会各产业中广泛使用。如果，以往的传统产业技术是人的体力的延伸和替代，那么现在我们研究的新经济技术则是人的智力的延伸和替代。

二、数字营销传播概念界定研究

自 20 世纪 90 年代开始，国外学术研究中更多使用"网络营销""数字营销""在线营销"等术语来表示数字营销传播，从概念名称来看，绝大部分相关研究都来自"营销"领域。采用"数字营销"术语的理论视域源于市场营销学，采用"数字营销传播"术语的理论视域则是基于传播学理论及营销传播学理论体系，新闻传播学科领域的学者偏向使用"数字营销传播"概念。

得益于市场营销学、广告学、营销传播学在数字时代观念的升级，一些学者开始从多学科视角对数字营销传播进行理解。有关广告是一种营销传播的说法，学者张金海认为广告既不是单一的营销也不是单一的传播，是营销与传播的复合体。广告被视作营销传播中重要的组成要素，在营销传播理论中占有重要位置。针对营销传播与营销关系的研究，学者星亮就数字营销传播理论的学术地位进行了深刻的阐释，他认为数字营销传播实现了对营销与营销传播之间的关系解构，在赛博空间里，数字营销传播与数字营销界限趋于模糊，并逐渐融为一体。营销传播不再是营销的下属概念，而是与营销平等的独立概念。

从数字营销传播目的来看，国内有学者从品牌关系升级和消费者互动角度进行解读。例如，学者谷虹紧紧围绕品牌智能这一核心，认为品牌智能是数字营销传播的核心理念，通过消费者驱动的数字营销传播途径，实现以品牌关系建设的数字营销传播终极目标。技术载体、受众需求、关系维护是数字营销传播重要的组成要素。学者韩文静认为，数字营销传播不是简单的营销信息的送达，而是如何与受众互动，令其参与营销价值的创造过程。受众参与成为效果达成的关键。由于数字营销传播理论的发展与信息社会经济形态密不可分，随着数字信息技术浪潮对营销领域的冲击加剧，研究者开始将数字营销传播理论与各行业的发展现状结合进行探讨，从理论意义上的论述逐渐转向对应用与实践的分析。学者万木春站在企业发展角度指出，数字营销传播不仅仅局限在单一市场活动中，在企业整体发展战略层面也具有突出作用，将数字营销传播定义为企业通过数字化手段调用生产、创造顾客价值资源，能够实现对企业营销的多方位管理。

以上关于数字营销传播概念的梳理，颇具启示意义，笔者从零星的数字营销传播概念界定中发现有关研究，认识到营销学、广告学与营销传播的关联，但只是简单提及，并未上升到理论关联的高度。对于本文从市场营销学、广告学、营销学出发研究数字营销传播核心概念的异同仍然具有一定的启示意义。多种视角解读始终存在片面性与局限性，对数字营销传播的内涵认识不清，理论基础薄弱，缺乏系统的数字营销传播研究的框架致命弱点。

三、数字营销传播相关概念界定研究

为了进一步厘清数字营销传播概念的内涵，笔者对"数字营销传播"相关的概念研究进行了梳理。"数字营销传播"与"数字营销""整合营销传播"虽只有一词之差，但这三个词经常被学者混用，因而增加了对"数字营销传播"概念界定的难度。"数字营销"概念发端于市场营销学理论，关于数字营销的界定，约翰·戴顿（1996）曾指出，数字营销包括直接营销和互动营销。2002 年，学者玛格利塔·科尼亚尼（Margherita Corniani）则将数字营销定义为"分享消费者群体所创建的内容，利用这一层次的数字媒体触达消费者，在全球网络中以正确的时间提高消费者对品牌与产品的认知度，并具备互动性与数字化的特征"。从不断发展的定义中可以看到，利用数字技术、传播媒介等手段实现与消费者互动、关系构建是理解数字营销的关键，营销信息传播在这个过程中发挥重要作用，甚至说传播贯穿了营销的整个过程。

对"整合营销传播"的研究则是营销学、营销传播学融合发展的结果。1993 年，在舒尔茨、田纳本、劳特朋合著的《整合营销传播》一书中，首次提出"整合营销传播的企划模式""进入数据库世界"等观点。2009 年，唐·舒尔茨和帕蒂发表了《IMC 的演进：IMC 在客户驱动市场》一文，回顾了营销管理框架、"4P"、产品生命周期、定位理论等，认为整合营销传播理论需要以其概念界定为中心，把品牌、测量、媒介、新兴市场、文化、服务、体验都纳入统一的视野，进行系统化研究。从理论关系来看，无论是"数字营销"还是"整合营销传播"其核心都离不开营销理论、广告理论、营销传播理论的支持，并随着数字技术浪潮的冲击，逐渐演化成多种概念。

综上所述，从国内外有关数字营销传播研究涉及的学科来看，主要涉及广告学、市场营销学、营销传播学。具体而言，数字营销传播及其相关研究层出不穷，在研究主题、研究方法、理论模型演变、基于业务实践对理论研究的反哺等方面取得了不错的进展，数字营销传播研究开展只有近

20 年的时间，从营销研究和实践的边缘地带，到现在已经成为新闻传播、营销学领域研究的一大支流。但看似丰富的研究成具背后呈现出极大的碎片性，一方面，研究者对数字营销传播思想的认知基于对互联网时代新的技术浪潮冲击的感知，而没有更深入地探讨数字营销传播的思想起源以及背后的逻辑，对数字营销传播学整体理论演进史的考察，人们并未给予高度的重视。很多研究缺乏对过往提出的理论和概念进行反驳，或是在此基础上有更为全面深刻的认识，导致研究成果呈现出较为宽泛的概念描述，抑或是单向度的模型研究，缺乏全局视野。另一方面，因命名的分歧导致研究者难以辨别术语背后反映的同一现象或是同一本质，不同术语增加了研究分类甚至全面了解特定主题的难度。

四、产品策略

产品策略是"4P"营销组合理论中的基础，结合目前国内外对产品策略的研究，主要有如下解读。

吕一林认为，"产品是企业从事生产经营活动的直接物质成果，在市场营销活动中，企业满足顾客需要通过一定的产品来实现，企业和市场的关系通过产品来连接"。产品是市场营销 4P 组合中最重要的一个因素，产品策略是企业的重大策略，它决定了企业能否正确地制定产品结构和业务范围，提供什么样的产品来为顾客服务。产品策略是企业市场营销战略的核心，也是其他营销策略制定的基础。

赵春雷、刘剑指出："面对越来越激烈的市场竞争，面对越来越挑剔的消费者，灵活适用的营销策略是现代企业成功的关键因素，而产品策略是企业市场营销组合的第一要素。"现代企业一般采用"整体产品营销策略""产品组合策略""产品市场定位策略"等产品策略，其中"产品组合策略"指企业可以用来销售的全部产品的结构，企业可以根据市场情况选择扩充或缩减的产品组合策略。产品市场定位策略是指企业要使自己的产品有一定特色，在消费者心中树立一定形象，以吸引消费者，从而使产品在市场竞争中取得优势。

傅雪红认为,"针对我国家电行业的现状,制定合理且有针对性的产品营销策略是我国家电行业决胜市场的重要法宝"。家电产品品牌众多,消费者很难记住特点不鲜明的产品,因此,家电企业应当采取差异化的产品策略,让产品因差异化形成一定竞争优势,从而创造企业差别化优势。

吴忠、陆杰华指出:"现代市场学认为,市场营销策略是由产品策略、价格策略、分销策略与促销策略四个部分组成,国际上统称为"4P"(Product、Price、Place、Promotion),其中产品策略涉及产品开发、产品组合、产品品牌、产品包装、产品服务等方面,是整个市场营销策略的重要组成部分之一。"

丁晨认为:"所谓产品策略,是企业市场营销组合策略的基础。它是指企业在制定经营战略的过程中,要明确企业能够给顾客提供什么样的产品或服务。"一个企业能否成功,关键在于其能否提供满足消费者需求的产品,所以企业的产品策略要注重产品的功能,赋予产品独特的卖点,满足消费者的需求。

总结关于产品策略的解读,相关学术论文和文献不尽相同,一般认为产品策略的研究内容包含了产品的组合、新产品开发、生命周期、差异化、品牌、包装、服务等方面的具体实施策略,本文选取产品策略中比较重要的产品定位策略、产品组合策略、新产品开发策略进行分析研究。笔者认为产品定位策略是研究产品策略的基础,企业在完成市场定位研究后,才能进一步制定与之相对应的其他产品策略,产品市场定位也是确定产品市场营销组合策略的基础。

第二节　国内外研究现状

一、市场营销及相关理论研究

（一）关于市场营销的研究

多年来，国内外学者对市场营销问题进行了很多研究，徐大伟（2017）以杭州某科技有限公司为例，对其发展过程中的内外部环境进行分析，并采用 SWOT 法对该公司的优劣势进行分析，在此基础上，发挥自身优势，并结合海洋科技产业特点，制定适合杭州某科技有限公司的发展策略。王海芳（2017）以小微型企业发展为例，通过 STP 营销策略和 4P 营销组合策略对小微型企业的营销体系给出了最佳的优化方案，使得小微型企业营销体系实现优化。刘尧飞（2018）以 S 企业作为研究对象，对其市场营销的外部环境、内部环境、竞争对手等方面影响因素进行系统分析，找出 S 企业在行业中所处的位置，以及自身的优劣势，以此为基础，从产品、价格、渠道、促销、服务五个方面制定市场营销优化策略。白杰（2018）提出河北某科技有限公司要想更好地展开营销工作，就要从宏观环境、微观环境等方面入手，通过有效的产品策略、销售计划来达到提高企业营销水平的作用。邵毅琳（2017）以杭州某科技有限公司为例，采用 PESTEL 法对该公司市场营销外部环境进行分析，并采用 SWOT 分析法，对该公司市场营销内部环境进行分析，在此基础上，针对某科技产品特点，制定符合该公司发展的 STP 策略与组合营销策略，并提出一系列保障措施，以此来实现该公司的长远发展。

（二）市场营销的相关理论研究

关于 4R 理论的研究。市场营销对各大企业的经营与发展十分重要，从 20 世纪 60 年代 4P 理论便正式问世开始，到 21 世纪，4R 理论正式和广大受众见面，4P 理论经 4I 理论 4C 理论发展到 4K 理论，相关理论研究不断完善。对企业而言，在市场营销战略制定过程中可以根据企业的实际情况选择所需要的理论，进而制定市场营销策略。4R 理论是由 Don E. Schuhz 在 4C 理论的研究基础上提出的，该理论的最大特点是以竞争为主要导向，概括了市场营销的新框架。根据目前市场发展情况，建议各大企业要着眼于与受众之间的互动，实现双赢，对受众的需求进行调查，努力满足受众的需求，运用优化的思想去整合营销，通过关联、关系、反应等形式与受众建立良好的关系。

而国外的一些营销学者往往更加喜欢对新时代发展的营销理论进行研究，从对 4R 理论研究的实际情况来看，美国学者 Schmallegger D、Carson D（2008）基于原本的 4C 理论提出了 4R 理论，即反应、关联、关系、回报这四个英文单词开头字母的组合。美国学者 Elliott Ettenberg 对新经济时代的营销模式作了重点阐述，具体概括为：节省、关系、关联、报酬。而学者 Mack R W（2008）则认为，就当前企业所展开的营销策略而言必须要始终坚持一点，那就是把受众价值作为发展核心动力，从而与客户建立良好的关系，长此以往，企业的声誉也能够得到很好的维护。学者 Fobs J、Buhalis D（2012）则是直接将自己的看法表达了出来，在开展企业市场营销活动的过程中，应该将 4R 理论与受众之间的关联构建起来。学者 Stephanie Hays（2013）认为，在如今的 4R 理论中，应该加强对反应策略的运用。学者 Leung D（2013）在进行充分的专业服务营销的过程中，还对各项因素进行了深入分析，并真正以 4R 理论营销组合为基础，利用关系营销来开展一系列市场营销活动。学者 Enerson M（2013）则认为，在开展营销活动的过程中，必须充分利用 4R 理论，并在此基础之不断开拓一些全新的宣传渠道。在学者 Munar A M（2014）看来，如今的营销组合已然成熟，这与当前的市场环境密切相关，4R 理论的概念已经悄然发生了变化。

国内的大部分学者针对 4R 理论也进行了详细的研究和分析，并将 4R 理论与 4P、4C 理论进行比较，具体内容如下。

　　将 4R 理论与 4P 理论、4C 理论进行比较之后可以发现，艳芳、郝伟民（2015）是从营销理念、营销模式等多个方面入手，从而挖掘其中存在的不对等关系。通过对这三种市场营销理论的研究与分析不难看出，企业在发展的过程中应该结合自身的特点有选择性地运用营销理论。梁栋（2017）则是针对 4P 理论、4C 理论、4R 理论这三种不同市场营销理论的发展演变过程进行了分析，从而选择最优化的营销组合策略。

　　关于 4R 理论在市场营销中的应用研究。根据当前的 4R 理论，应该针对市场营销理论予以研究并不断创新，而学者谢特（2014）则直接采用了 4R 理论，并对我国银行领域的相关市场营销行为开展了广泛的研究与分析，针对这一系列的营销活动也进行了创新。学者周子悦（2014）则是基于当前药品市场的实际需求，提出了应结合 4P 理论、4C 理论进行思考，从而推动药品企业在市场营销活动中实现全方位的创新。在 4R 理论与受众关系之间，学者张洪新（2015）则是直接运用了 4R 理论来进行受众价值的研讨，这对于绝大部分的企业而言，开展市场营销活动才是当前的一大重点。要想在市场营销活动中占据优势地位，就必须付出更多的努力。学者廖细木（2016）认为，留住一批忠实的受众，还是应该从 4R 理论的本质入手，以此促进企业品牌价值的大幅度提升。

　　关于 4R 理论在行业领域营销中的应用研究。学者范红红（2018）则认为在如今互联网飞跃式发展的时代之下，旅游行业的网络营销活动必须要实现受众价值最大化，只有提高受众忠诚度，才能够维护其与受众的长期关系。李梦娣（2018）则是从 4R 理论的"关联""反应"等多个方面进行系统且全面的论述，并对 4R 理论予以完善。

　　目前，我国关于市场营销方面的研究比较多，众多学者纷纷对市场营销理论进行了探究与分析，对各大企业市场营销推广起到了借鉴作用。然而目前对 4R 理论的应用研究比较少，4R 理论是专门针对客户关系管理与维护方面所提出的市场营销理念，本文在写作过程中主要是结合某电气企业的实际情况，从 4R 营销理论的角度出发，制定营销策略，以便更好地促进企业的发展。

二、技术与营销的关系研究

企业技术的发展是以营销为导向，以技术发展为基础的，要想实现营销策略的创新和高水平的营销，必须通过营销的发展和技术的支持协同作用。要想获得竞争优势，使产品更加符合市场需求，就必须以技术变革为核心，实施营销策略。要想改进研发产品的方向，最大限度地满足顾客需求，提高市场竞争力，就要以技术为导向，同时重视技术和营销投入。要想使消费者的需求得到高质量、快速度、高效率的满足，就必须在重视技术和研发的同时重视营销。

技术能力和营销能力是影响企业经营的两项关键能力。企业对外扩张战略的选择受企业的技术能力和营销能力的影响。要想企业进行全球性扩张，很好地协调国际合作，就必须拥有高水平的营销能力；增强企业对市场变化的应变能力，提高生产和经营的灵活性，必须拥有高水平的技术能力。实现技术价值的必由之路是营销，而经营和发展的根本是技术。可见，企业的两大核心能力是技术和营销，两者缺一不可。综上所述，技术和营销的关系主要表现在以下两个方面。

（一）能够为技术的革新和发展指明方向的是营销活动

以市场和消费者为导向是技术发展的前提，为技术的革新和发展指明道路，通过企业市场营销互动来把握市场和消费者的偏好及其变化。同时，通过技术的手段来解决营销中面临的现实问题，满足不断变换的市场环境和消费者需求。

（二）企业的两大核心能力是技术和营销，两者缺一不可

企业的发展都会因为缺少任何一项能力而面临严重的困难。技术是生产好产品的能力，营销是将好产品传递给需要的客户的能力，企业必须重视技术与营销，才能高效地发展技术能力和营销能力。综上所述，建立技术和营销之间的良性互动关系可以通过企业技术营销活动来实现。一方面，企业的技术和技术服务能够有效满足不同特征顾客群体的需求，实现企业的盈利，主要是以营销活动的起点进行企业技术和技术服务的推广。

另一方面，营销活动在技术的辅助下，可以最大限度提高企业的营销效益，为企业带来利益的同时节省企业营销活动支出。因此，企业的技术和营销是相互促进的。

三、可持续供应链管理的相关研究

经济快速发展所带来的环境问题日益凸显，并引起了整个社会的广泛关注。为解决环保问题，政府制定了若干环境保护政策与法规。这些环保政策法规对企业的运营管理实践提出了新的要求和挑战：一方面，企业需要在遵守环保政策法规的前提下，开展运营管理实践，谋求最大收益；另一方面，随着消费者环保意识的不断增强，越来越多的消费者在购买决策中表现出对环保需求偏好。消费者的环保需求偏好为企业实施可持续供应链管理提供了新的机遇。企业可以通过设计生产可持续产品来迎合消费者的环保需求偏好，吸引更多的消费者购买产品，从而在激烈的市场竞争中取得竞争优势。可持续供应链管理作为企业应对政府环保政策法规和迎合消费者环保需求偏好的重要手段，成为当前运营管理研究的热点问题，不仅受到企业运营管理者的关注，还引起了学术界的广泛关注，并开展了若干关于可持续供应链管理的研究（汪波等，2004；张成考等，2004；施先亮和乔晓慧，2010）。可持续供应链管理是在传统供应链管理关注经济效益的基础上，更多地要关注环境效益和社会效益（Diabat 等，2014；Wittstruck 和 Teuteberg，2012；戴君等，2015）。下文将从消费者和企业两个视角回顾和梳理可持续供应链管理的相关研究，并对与本研究相关的重点文献进行评述。

（一）消费者视角的可持续供应链管理研究

随着消费者环保意识的不断增强，消费者更愿意选择购买对环境污染和环境破坏少的产品，并表现出强烈的环保需求偏好。为了迎合消费者的环保需求偏好，企业通过设计开发可持续产品来吸引更多的消费者购买产品，从而在日益激烈的市场竞争中获取竞争优势。因此，消费者环保需求偏好被认为是促使企业实施可持续供应链管理的动机之一（Galbreth 和

Ghosh，2012），并对企业实施可持续供应链管理的绩效产生重要影响。很多学者从消费者对可持续产品的价值感知和购买意愿，以及消费者环保需求偏好对企业实施可持续供应链管理的影响等方面进行了研究。

可持续产品作为可持续供应链管理的核心，对企业实施可持续供应链管理产生重要影响。消费者对可持续产品的价值感知和购买意愿，直接影响着企业可持续供应链管理的实践。消费者的环保意识影响消费者购买和使用可持续产品的意愿，因此，可通过广告宣传来提高消费者环保意识水平，提高消费者对可持续产品的感知能力。产品的可持续性是消费者识别可持续产品的主要信息来源，对消费者可持续产品质量和购买意愿能够产生影响。而消费者环保需求偏好的增强，为企业实施可持续供应链管理提供了新的机遇。消费者环保意识对消费者可持续产品价值感知和购买意愿产生重要影响，并且环境友好型消费者愿意为可持续产品支付较高的价格，这也使得企业可以通过提高产品售价来降低实施可持续供应链管理的风险，从而提高收益。但当前研究大多局限于对消费者环保意识与消费者可持续产品购买意愿、产品可持续属性信息与消费者购买意愿以及消费者环保需求偏好与企业运营之间的关系进行研究，很少有学者针对他们之间的影响机制进行研究。本研究通过分析消费者环保需求偏好，将消费者环保意识、环保需求偏好对消费者可持续产品价值感知的影响引入消费者感知效用理论模型，通过理论模型推导来研究消费者环保需求偏好对消费者可持续产品购买意愿的影响。

（二）企业视角的可持续供应链管理研究

企业作为社会系统的重要组成部分，在追求利润最大化的过程中还需兼顾其所承担的社会责任。企业社会责任是企业实施可持续供应链管理的驱动力，企业在追求经济效益的同时要综合考虑社会效益和环境效益。可持续供应链管理是企业承担社会责任的重要途径之一，实施可持续供应链管理有助于企业在激烈的市场竞争中取得优势，获取更多的收益。因此，许多学者从企业视角对企业实施可持续供应链管理的影响因素、运营绩效等方面进行了研究。

第三节　新经济背景对市场营销与产品策略提出的新要求

一、新经济背景对市场营销提出的新要求

市场营销战略作为企业立足社会经济发展大环境，有效进行品牌和产品策略调整的关键，其战略视角、战略方案、战略措施的制定与实施在企业生存与发展中起着至关重要的作用。特别是在新经济背景之下，企业在市场营销战略的构建与实施过程中，必须明确时代大背景所提出的新要求。其中，笔者认为具体的新要求可归纳为以下两个方面，如图1-1所示。

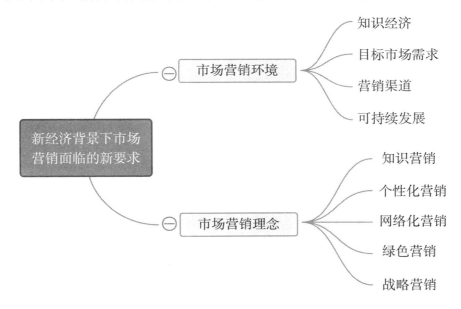

图 1-1　新经济背景下市场营销面临的新要求

如图 1-1 所示，在新经济时代背景下，企业市场营销面临的新要求众多，任何一项新要求得不到满足势必会影响企业实现并长期保持可持续发展，同时也会阻碍企业实现又好又快发展的目标。基于此，笔者在下文中就立足图 1-1 中所体现的两个方面的新要求，作出明确论述。

（一）明确市场营销环境已经发生了新变化

在评价企业市场营销战略是否具有可持续性的基本要素中，企业能否客观认知市场营销大环境是最基本的要素，因此，在新经济背景下企业市场营销能否实现可持续发展，关键在于企业能否明确市场营销环境所发生的变化。基于此，笔者立足新经济时代大背景，深入解读了企业市场营销环境所产生的变化。

第一，知识经济已经全面开启。随着科技强国战略的提出，各个领域的诸多新技术和新科技不断涌现，市场交易模式已经发生了根本性变化，企业在市场发展中也实现了信息高度透明化和信息共享，知识经济的发展已经成为市场经济不断实现跨越式发展的中坚力量，同时也加剧了企业在市场发展大环境中的竞争激烈程度。

第二，消费群体的需求已经发生明显变化。随着当今时代社会经济发展步伐的不断加快，人们基本的物质生活需求已经得到了普遍满足，精神需求也得以普遍提升。因此，广大消费者在日常工作、学习、生活中，对于品牌和产品更加注重其文化、功能、价值和质量四个方面，显而易见与以往相比消费群体的需求已经发生了明显变化，同时也对企业市场营销提出了严峻的挑战。

第三，网络化渠道已经全面生成。纵观当今市场经济的风起云涌，网络化渠道产生的根本原因在于市场交易的渠道不再单纯依靠线下交易，线上交易已经成为市场经济发展的主旋律，从而确保企业能够最大限度拓展目标市场，让品牌和产品被更多的消费人群了解、接受、体验，最终成为企业忠实的客户。但实现这一目标并非易事，这也是企业在新经济时代背景下所面临的严峻考验。

第四，可持续发展已经成为企业市场营销的基本要求。面对新经济背景下企业所承担的巨大竞争压力，一时的得与失显然不能成就未来发展之路，只有做到放眼未来寻求利益的可持续性才能确保企业始终处于市场经济发展浪潮之中，片面追求眼前利益必然会被市场淘汰。为此，发展的可持续性是新经济背景下企业市场营销的基本要求之一。

（二）明确市场营销的新观念

在新经济时代，企业市场营销的模式已经发生了新变化，以往将设计、研发、生产的新产品推向市场，寻求市场中的购买群体这种营销模式已经不复存在，而根据目标市场中的广泛需求为之设计产品，最终形成独具特色的企业品牌成为当下市场营销主体趋势，这显然是新经济时代背景下企业市场营销理念的具体展现，企业要想把握新经济时代带来的新机遇，就必须深入挖掘这一市场营销理念，下面笔者就企业市场营销理念进行明确阐述。

第一，知识营销理念。该理念主要是指运用科学技术开展市场营销活动，让市场营销的全流程更加系统化、便捷化、合理化，确保企业在品牌推广和产品设计、研发、生产、销售、服务等环节能够实现高效率，让目标市场能够得到有效拓展。

第二，个性化营销理念。该理念是指要根据目标市场消费人群所提出的不同需求，有针对性地为之进行产品设计、研发、生产，以此满足个体全面发展的需要，从而凸显品牌特色，实现企业又好又快发展。

第三，网络化营销理念。该理念是指企业市场营销要面向全网络，充分利用网络平台，有效进行市场定位和产品价格定位，细分市场并在明确目标市场的同时，强调为目标群体提供所需要的产品和服务，进而彰显品牌的独特魅力，实现企业的可持续发展。

第四，绿色发展理念。该理念是指在市场营销全过程中，始终要围绕"绿色""环保"两个关键词进行，让市场营销活动成为经济发展的加速器，让企业在市场发展大环境中能够始终保持可持续发展，真正把握住新经济时代所带来的机遇。

第五，战略发展理念。该理念是指市场营销活动要上升到战略高度，打造出一套完整的战略体系，确保企业在品牌推广、产品设计、产品研发、产品生产、产品销售、产品服务等方面得到最大限度的重视，实现在新经济时代背景下真正把握企业发展的命脉。

二、新经济时代对产品策略提出的新要求

面对新经济时代不难发现消费人群在产品需求方面呈现出复合性的特征，往往需要某一产品具备两个或两个以上的特质，这显然为企业产品设计、研发、生产、销售、服务提出了更为严峻的挑战。对此，企业应进一步明确"产品"的定义，并将划分产品类别作为该时代背景下企业产品策略研究思考的方向。

（一）明确产品与产品类别

新经济背景下赋予了产品新的定义，即可供人们使用和消费的物品或服务，并且从中能满足人们的各种需求。这也意味着企业在产品设计、生产、研发、销售、服务阶段，将产品按作用和功能进行明确的分类。笔者认为，在新经济背景下，按作用和功能可将产品分为五大类。

第一类：具有实用性的产品。此类产品是指能够为人们解决实际问题的物品，要求产品自身质量过硬，并且还要具备操作简单和易接受两个特性，从而满足理性消费者的基本需求，而这也是新经济背景下每类产品所必须具备的基本品质。

第二类：具有功能性的产品。此类产品主要是指根据消费人群在特定环境中的需求提供相对应服务的物品，以此来满足不同消费群体的消费需求。例如，在消费群体闲暇之余需要进行娱乐放松，而具有休闲娱乐功能的手机或其他电子产品能够满足消费群体的需求，因此，其就属于功能性产品。

第三类：具有美观性的产品。此类产品主要是指外形美观，能够让消费群体赏心悦目的物品。例如，具有当代艺术元素的工艺品等。除此之外，此类产品还具有高度的美观性和观赏价值（如金银饰品、贵金属物品等），是新经济背景下产品类型中的重要组成部分。

第四类：具有保值性的产品。此类产品主要是指能够体现文化底蕴或富有收藏价值和增值空间的物品，虽然其不具有较强的实用性，但是能够体现出极强的价值性。此类产品文化价值极为突出，所以也是新经济背景

下产品类型中的又一重要组成部分。

第五类：具有服务性的产品。此类产品是指服务消费群体的相关产品，消费群体能够从中获得与众不同的体验感，满足其精神层面的切实需求（如保险、理财产品、旅游项目等）。随着我国社会经济发展步伐的不断加快，人们的物质生活已经发生了革命性的改变，对高质量精神生活的向往愈加强烈，所以此类产品也成为新经济背景下产品类型的重要补充。

（二）明确产品组合

产品组合作为全面确保产品功能性实现最大化，以及产品市场占有率更加趋于理想化的主要手段，在各个时代发展背景下普遍受到企业的高度关注。新经济时代在企业产品策略研究与探索中，显然也将其视为重中之重。在此期间，需要企业在进行产品设计、产品研发、产品生产、产品推广、产品服务阶段，要高度立足产品的功能、作用、价值之间的互补，并且保证产品组合内的单品价格处于同等区间，让目标市场消费人群体会到企业品牌旗下的产品并非单一存在，组合使用效果最佳，由此方可确保产品在目标市场的销售量不断增长，目标市场内的受众范围不断扩大。

（三）明确产品生命周期

时代发展步伐的不断加快意味着产品更新换代的步伐也在不断加快，企业生产并在目标市场推广的产品显然不能永久存在，必然会被时代的洪流所淹没，升级换代显然是企业产品和品牌可持续发展的唯一出路。在此期间，明确产品的生命周期自然是新经济时代为企业产品策略可持续发展提出的一项基本要求。结合笔者在本节中阐述的观点，不难发现在新经济背景下，企业市场营销和产品策略创新必然满足时代变化的新要求，由此方能确保企业在新经济时代发展大环境中始终保持可持续发展的姿态。对此，国内外众多学者也针对该领域进行了深入的研究与探索。

第二章
市场营销战略体系分析

市场营销战略关乎企业能否在激烈的市场竞争中占有一席之地，能否在维持可持续发展状态的同时实现又好又快发展。故此，市场营销战略体系的科学性与合理性成为企业发展的生命线。对此，本书作为研究市场营销战略与产品策略的专著，进行市场营销战略体系分析自然是本书创作的根本，本章笔者从市场机会的分析、目标市场的选择等六个方面入手，深入分析市场营销战略体系。

第一节　深度分析市场机会

随着时代的飞速发展，我国经济已进入了新的发展领域，企业市场营销战略和产品策略创新也迎来了前所未有的发展机遇，市场机遇的广阔性通过一组数据就能得到充分体现。为此，笔者在深度分析市场机会之前，就先呈现了其数据，如图 2-1 所示。

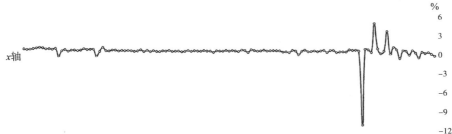

图 2-1　中国消费品零售总额环比

通过图 2-1 不难发现，在近 10 年中我国消费品零售总额环比情况趋于平稳，只有 2019 年底由于社会环境的特殊性导致我国消费品零售总额大幅下降，但是在 2020 年 5 月之后又大幅增长，并且超出之前增长幅度，随后又恢复到之前的增长幅度。这也充分说明了在新经济背景下，我国市场经济发展趋于平稳，企业在市场发展大环境中拥有非常多的发展机会。

其间，笔者认为企业应该把握以下几个方面。

一、市场趋势分析

市场发展的大趋势能够反映未来产品的发展倾向，企业本身的市场营销战略是否与之相符，有助于企业在市场营销战略层面进行及时有效的调整。所以，在分析市场营销战略体系时，考察企业对市场趋势的分析是否科学合理显然是一项重要的工作。主要的分析视角应包括以下两个方面。

（一）产品外观、材料分析

在不同的时代背景下，公众在产品的外观和材料方面都会有不同的倾向，所以从产品的角度讲，产品的外观和材料都有明显的时代性特征，将其加以准确认知，并做到牢牢把握，必然会在市场趋势方面做出正确分析。

具体而言，在未进入信息时代之前，人们对产品的外观并没有特殊要求，因为人们没有更多的渠道去了解时代发展的潮流，所以产品只要具备较强的实用性即可，在外观上很少做出"好看"或者"不好看"的界定，在材料上很少关注是否是新材料。而随着信息化时代的到来，这一局面无疑发生了颠覆性的转变，人们对外观的"美"与"丑"，有了普遍认可的界定标准，在材料方面也对各种新材料有了认知。所以，外形美观和全面使用新材料成为公众在产品方面普遍关注的重点。

（二）产品功能性分析

从产品的市场需求层面来看，随着时代发展步伐的不断加快，人们对产品功能性方面的要求正在不断提升。产品的功能也从单一化逐渐上升到了多样化，并且又从多样化逐渐又上升到了人性化。企业做到将这一趋势加以准确认知并牢牢把握，必然会确保市场营销战略处于不败之地。

在信息化水平相对较低的时代，人们在选择产品的过程中，只注重某一产品能够将某一问题进行解决，产品功能的单一性能够全面满足市场的需求。随着时代发展步伐的不断加快，新技术的应用让产品的功能性逐渐增加，使多重功能可以兼容到某一产品之中，进而此类产品受到市场的高度青睐，产品本身的功能性体现了多样化的特征。随着时代步入飞速发展阶段，产品自身功能的多样性特点更是无法满足市场的需求，人们普遍更加关注产品功能本身是否更加人性化，即能否通过简单便捷的操作解决更多的实际问题，能够具备这一优势的产品自然更加受到市场的青睐，反之则不然。基于此，产品功能性体现出的"多样化"和"人性化"两个特点显然是市场发展的主流趋势。

二、市场格局分析

从市场营销战略体系的整体架构来看，市场机会分析是最基本的组成部分，而市场趋势分析是其中最基本的内容，但绝不是唯一的内容，还要主动对其他内容进行深入的分析与探索，由此才能确保市场机会分析更加全面，其中市场格局分析就是极为重要的一项内容。基于此，笔者将通过两个方面对市场格局分析的视角作出明确阐述。

（一）多功能性产品成为市场主打

从市场发展角度出发，在市场现有的各类产品中，其普遍的特点在于功能强大，从多个角度满足消费市场的不同需求，进而最大限度地抢占并扩大产品的目标市场，使企业的产品利益实现最大化。

具体表现为两个方面：第一，实用功能作为主体。从各个时代产品设计、研发、生产的基本出发点来看，始终都是以帮助受众解决实际问题为第一出发点，所以在功能设计方面，要将实用功能放在首位，让人们感受到产品并不是华而不实，进而来拓宽市场、增加销量。在当今时代背景下自然也是如此，产品具备使用功能是产品本身必须具备的基本品质，这也是抢占目标市场最根本的条件。第二，休闲娱乐功能作为重要补充。从时代发展的脚步进行分析，由于当今时代人们物质需求已经得到了满足，因此，人们在精神生活方面也普遍有了更多的向往，人们更加希望从各个角度能够得到精神层面的放松。基于此，在产品设计与研发过程中，设计者考虑到人们精神层面的具体需求，会或多或少增加一些具有娱乐身心的元素，产品休闲娱乐功能就此出现，并且深受目标市场的追捧，最终形成了多功能性产品成为市场主打的市场格局。

（二）智能化产品占据市场份额较大

就当前各类产品目标市场的产品需求情况来看，不同价格定位的产品都会或多或少涉及智能元素，突出产品自身的亮点，以求引起目标市场各类消费人群的高度关注，最终实现产品能够在目标市场中占据有利位置，进而也形成具有时代特色的市场格局。基于此，笔者立足这一具有时代特色的市场格局进行深入分析，具体视角如下。

第一，智能化能够彰显产品人性化服务的理念。智能化最突出的特征就是想他人之想，并提供具有智慧的解决方案，方便人们日常各项实践活动。对此，智能化终端设备层出不穷，并且逐渐涵盖各个领域中的各个价位的产品，其目的是让更多的消费者感受到产品本身所特有的人性化和智能化服务理念，使产品能够迎合时代发展大趋势、适应产品发展大环境、战胜时代大环境不断提出的新挑战。

第二，智能化元素赋予产品新的"灵魂"。智能化产品特征的出现具有划时代意义，具体表征在于颠覆了人们关于产品的固有认知，让人们意识到产品不再是传统意义上的产品，其可以与人们的生活、工作紧密相连，因此，产品本身的目标市场得到了拓展，甚至会存在供不应求的情况。这是智能化产品占据市场份额较大的基本原因，也呈现出当今时代发展大背景下产品设计与研发普遍关注的主要方向，更为市场营销战略的调整与优化提供了有力依据。

三、市场机遇分析

人们常说"机遇与挑战并存"，时代会为每位成功者提供前所未有的发展机遇，同时每位成功者走向成功自然也要接受时代提出的严峻挑战。其中，针对企业市场营销而言，正确分析并有效把握市场机遇显然是面对的严峻挑战，在任何时代背景下都是如此。笔者认为有效进行市场机遇的分析应从以下两个方面入手。

（一）简单便捷操作和富有特殊意义成为产品设计普遍关注的焦点

结合不同时代的发展背景，从市场营销战略中企业对市场机遇的把握可以看出，"抢占先机"永远都是企业在进行产品设计、研发、生产、推广的最终目标，但在不同时代发展背景下社会对产品的需求都有一个明显的侧重点，即产品在使用时必须具备简单便捷的特点，以便迅速解决实际问题。

除此之外，产品本身的价值还体现在"艺术"和"收藏"两个方面，让产品真正成为公众视野中值得拥有的一件珍贵物品。在这一视角下，时代往往都会给产品一个极大的发展机遇，将其加以充分把握，势必会确保市场营销战略的意义和价值的最终实现。

（二）人工智能成为社会总体需求

人工智能产品之所以广受社会欢迎，最根本的原因就是产品本身的科技含量较高，能够给目标市场消费群体带来截然不同的产品体验感，能够帮助人们感受到智慧化的工作气息和生活气息，所以人工智能成为社会总体需求。众多企业在人工智能技术趋于成熟的阶段就将其作为产品设计、研发、推广的主要视角，不仅抓住了时代所赋予的新机遇，还把握住了市场前所未有的发展机遇。

但不可否认的是，伴随时代车轮不停地转动，诸多新科技应运而生，人工智能技术也走向成熟，服务于人们日常的生产生活。但市场机遇并非企业想要把握就能把握得住，因为市场机遇稍纵即逝，产品目标市场随时会被其他企业率先占领。如果能够结合时代发展大环境，精准分析市场发展大趋势，并且通过多种渠道进行品牌推广，同时将产品策略不断进行更新，那么就能确保企业在准确的时间节点上，以最快的速度把握住市场稍纵即逝的机遇，最终实现企业发展空间的拓宽、品牌品质化发展、产品市场发展拥有广阔的前景的目标，使市场营销战略的可持续化程度更高。

综合本节所阐述的观点，不难看出在市场营销战略体系的系统化分析过程中，针对市场机会的分析要做到全视角和深层次，由此才能确保企业在时代发展的浪潮中，能够准确找到最佳的品牌和产品推广机会，进而正确选择目标市场并占据最有利的市场位置，迎来最理想的市场发展前景，最终让市场营销战略体系实现理想化的运行打下坚实基础。

第二节　目标市场的准确选择

就企业市场营销战略构成而言，笔者在本章引入部分已经明确了应该包括的几项重要构成因素，并且针对市场机会的选择方法作出了具体分析。目标市场的准确选择作为不可缺少的一部分，笔者将在本节的观点阐述中，立足如何作出正确选择进行明确的论述，希望广大学者和相关从业人员能够从中知晓在任何时代背景下，目标市场的准确选择都必须包括如图2-2所示的几个对象。

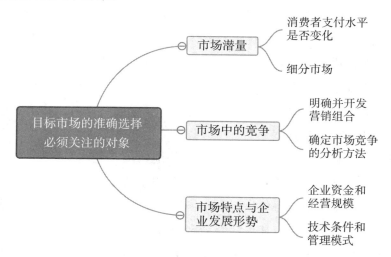

图2-2　目标市场的准确选择必须关注的对象

通过图2-2所呈现的企业在目标市场选择过程中应重点关注的对象，不难发现既要考虑企业所处市场的外部环境因素，也要考虑企业内部因素，由此才能确保真正客观地审视全局，让正确选择目标市场成为现实。

一、深入分析市场的潜量

在企业市场营销战略的有效构建过程中，准确选择目标市场必然要经过市场潜量的分析环节，由此才能有效判定经过营销策略调整后，哪些细分市场的产品销售情况能够达到预期，进而为有效确定目标市场提供强有力的依据。其中，笔者认为深入分析市场的潜量应该从两个方面入手。

（一）了解消费者支付水平变化情况

就市场消费群体而言，在一定的时间段内消费水平会出现一定的波动，既可能是向上波动，也可能是向下波动，但通常情况不会长时间维持在原有水平。产品的价格也会随着人们的收入水平有所调整，进而会导致在一段时间之内，消费人群在该类产品的消费水平上产生一定波动。

在此期间，企业需要通过市场调研的方式，针对消费人群关于此类产品的购买情况进行详细了解，详细分析造成消费水平上下波动的主要原因，并将其原因加以系统性地整理与归纳，进而为有效进行市场细分和正确判断市场的潜量奠定坚实基础。

（二）有效将产品市场进行细分并明确其销售规模

在针对此类商品进行系统化的社会调研，并归纳出详细的调研结果之后，要立足此类产品的市场总体，将其进行详细划分。其中，细分市场要以可进入性、可衡量性、有效性、对营销策略反应的差异性为基本原则，将市场细分为几个等级，明确现有市场的具体情况。

除此之外，还要结合消费者支付水平变化情况，将细分出的市场产品销售情况作出准确的分析，并将可调整的营销策略加以明确，分析经过营销策略优化之后每个细分市场的产品销售营情况是否能够实现预期目标，并将可实现预期目标的某个（或某几个）细分市场作为目标市场的主要选择。

二、深入分析市场中的竞争

保持良好的竞争氛围是市场发展的必然条件，从企业角度讲如何将市场竞争转化为企业发展的动力，自然要科学选择竞争对手。所以，在不同时代背景下，有效进行市场中的竞争分析就成为科学选择目标市场必要环节，也是企业有效进行市场营销战略构建的关键因素所在。具体而言，笔者将从两个方面进行分析。

（一）明确开发营销组合的可行性

在不同时代背景下，产品营销的全过程都会随着时代发展做出具体调整，目的是让市场营销战略能够适合时代发展的需要，以求产品销售总量在达到最大化的同时，实现目标市场的全面拓宽。其间，市场营销方案中必然会出现不同的营销组合，其可行性往往也存在明显的差异。因此，这就需要广大从业人员不断进行深入分析，从而找出最适合时代发展的营销组合。

具体操作包括两个方面：第一，制定多种营销组合方案。笔者认为要结合当前社会经济发展的大环境，详细分析当前大众物质生活水平的满足情况，以及在精神生活方面的需求情况，围绕产品价格方面进行营销组合方案的制定，包括产品价位调整、促销方式的深入挖掘、产品促销活动的分布密度调整等，确保产品营销组合选择范围能够实现最大化。第二，分析各种市场营销组合的可行性。在确定多种产品营销组合的基础上，针对其可行性加以具体分析，确定产品在市场中最理想的价格定位，最理想的促销方式包括哪些，促销活动开展较理想的时间节点和维持时间等，确保能够得到一套最理想的营销组合。

（二）确立市场竞争的正确分析方法

通过进行细分市场，并确定较为理想的营销组合之后，要结合细分市场内部竞争企业或竞争者的市场营销组合，明确其产品价格定位情况，具体促销方式包括哪些，分别在哪一时间节点开展促销活动，每次活动的时间长度等，之后要与自身企业营销组合进行对比，明确营销组合的竞争优势和不足。

在获得细分市场内企业或个人营销组合的优势与不足后，要根据所具备优势条件数量的多少，将竞争企业或个人进行由高到低排序，最后将市场内部竞争企业或个人数量较少，并且竞争者实力较弱的市场作为目标市场，力保产品自身的市场竞争优势能够充分凸显，在实现产品目标市场占有量达到最大化的同时，为企业市场发展的可持续性提供有力保证，推动企业最终实现并始终处于又好又快的发展状态。

三、深入分析市场特点是否与企业发展形势相一致

了解企业当前现状与未来发展方向，判断是否与市场特点能够保持高度一致，可以为准确找到目标市场提供有力保障。其间，具体操作应包括以下两个方面。

（一）企业资金状况与经营规模

从企业长远发展角度来看，资金链的宽度与韧性，以及经营规模的大小直接影响企业能否在目标市场选择中占据有利位置，同时也会影响企业经营规模的大小，更会影响企业目标市场的广度。所以，企业在进行目标市场的选择过程中，必须结合企业资金状况与经营规模，判断是否能与市场特点吻合。

如果企业资金链有宽度和韧性，经营规模较大，能够满足市场对于产品的需求，就能初步确定企业所生产的产品目标市场较为广阔，进而将其进行有效细分，可以确保企业生产出的产品充足供应目标市场，企业在市场中也能够占据一席之地，更能说明企业市场营销战略的科学性与合理性。

（二）技术支撑条件与管理模式

技术支撑条件与管理模式是企业发展道路中的两个重要因素，企业在广阔市场中寻求可持续发展，必须结合企业现有的生产技术和管理模式，与市场发展的大形势进行对比，由此得出企业当前发展道路中所具备的条件和目标能否与市场发展的特点高度匹配，进而为市场营销战略中目标市场的准确选择提供客观依据。

其中，具体操作包括两个方面：第一，技术支撑条件的分析。要结合企业现有的生产技术和研发技术，与其他企业进行对比，明确其技术层面的优势，并将其所在的目标市场作为企业自身的目标市场，确保企业在所处的市场环境中，能够拥有极强的竞争力。第二，管理模式的分析。主要立足当前市场内其他企业管理模式的现实情况，以及企业自身对管理制度、管理模式、管理措施等多方面因素进行全方位对比，从中找到与其他企业的竞争优势，由此判断出企业能否在目标市场的竞争中占据有利位置，进而作为有效判断目标市场的重要依据。

目标市场在既要对市场的潜力作出深入分析，又要针对市场中的竞争作出客观分析，还要对市场特点与企业的发展形势是否一致进行深入分析，由此才能确保产品的市场定位的准确性。

第三节　正确的市场定位

正确的市场定位决定企业未来的发展，所以在企业构建市场营销战略体系过程中，普遍会将市场定位作为一项重要工作内容，选择适合企业自身发展现状和未来发展要求的市场定位方法。

一、市场定位的内涵与意义

前文已经明确了正确的市场定位在市场营销战略体系中的重要性，但具体表现笔者并没有作出系统说明，因此，还需要有力的证据加以论证。接下来，笔者将立足市场定位的内涵与意义，以及企业有效进行市场定位的方法，将市场定位在市场营销战略体系中的重要性进行具体论述。

（一）市场定位的内涵

"市场定位"就是产品在消费人群中能将自身产品特点更加清晰地展现出来，让产品的优势条件充分彰显。对此，每个企业在进行品牌设计和产品设计的过程中，都要与竞争企业的品牌和产品保持高度的不同，突出企业在品牌设计和产品设计方面的特色，让企业在目标市场中的优势实现最大化，确定企业在品牌和产品方面所处的市场定位。

（二）市场定位的意义

企业之所以将市场营销放在战略层面，就是因为市场营销前期的准备活动能够客观审视企业的品牌与产品的发展状况，能够将其与目标市场发展的特点进行全面对比，发挥品牌与产品在市场中的各种优势，进而作出相应的战略部署，为企业更好地进入市场并赢得市场指明方向。故而，每个企业在发展的道路中普遍将市场营销作为企业的生命线，在战略层面不断进行完善与调整。在此过程中，科学进行市场定位恰恰是企业准确进入市场，并将其优势充分发挥出来的关键条件，同时其也是企业市场营销的关键组成部分，是企业发展道路中能够始终坚守生命线的有力抓手。对此，在企业市场营销战略体系构建中，必须将市场定位放在重要位置，并且市场定位的方法具有高度的科学性。

二、市场定位的方法

市场营销是企业充分适应市场大环境，将品牌与产品优势充分发挥出来的有效途径。但企业真正做到正确进入市场，将品牌与产品的优势充分发挥出来必须进行准确的市场定位。这不仅仅是对前文中市场定位内涵与意义的概括，更是加深了市场定位在市场营销中的重要性。

（一）质量功能定位

所谓的"质量功能"定位，其实质是以企业品牌和产品的品质进行市场定位，让产品自身的特点可以始终与目标市场的需求相统一，进而使企业品牌和产品的推广效果达到最佳，企业在市场中的发展具有高度的可持续性。

其间，依托质量功能进行市场定位的步骤有两个：第一，做到知己知彼。针对产品设计与生产的理念、技术、材料、工艺进行市场调研，明确目标市场在品牌和产品方面的满意度。与此同时，立足目标市场其他品牌和产品，依然围绕上述几个方面进行市场调研，进而客观呈现其品质，为对比企业之间品牌和产品的品质提供客观条件。第二，明确品牌和产品质量功能上的优势。根据品牌和产品在设计、研发、生产过程中所用到的材料、技术工艺，与其他企业之间进行客观比较，并结合市场调研结果去发掘自身产品存在的优势，其他品牌和产品是否具备，最终找到产品质量与功能上的优越点，并赋予品牌特有的概念，进而实现对质量功能的准确定位。

（二）类别定位

随着我国社会主义市场经济发展进程的不断加快，分类营销已经成为当今我国企业市场营销战略的重点关注视角。市场定位的方法也出现了类别定位法，以此来充分响应我国市场经济发展的大环境和大趋势，进而形成了市场定位营销模式。

在此期间，企业在市场营销模式的认知过程中，应该将市场营销看作观念之争，而并非产品之争，让人们一想到某一类产品就能够在脑海中出现具有代表性的品牌，以及相关产品。而并非人们看到某一产品之后想到更具代表性的其他品牌，这样会导致消费者看到产品之后，形成"先入为主"的观念，让消费者在无形中产生"不妨看看其他品牌产品"的冲动，这显然不利于目标市场消费群体的有效扩大。由此可见，类别定位是市场营销战略中要求较高的一种市场定位方法。

（三）消费群体定位

从消费群体层面进行市场营销定位的方法来看，其实质就是企业进行目标市场的细分，也就是说通过细分市场的过程，能够让企业在市场营销过程中，有效确定目标市场，并向其提供与之相适合的产品和服务，必然能够满足目标市场的普遍需求，市场营销也能助力企业实现可持续发展。

在进行细分市场的过程中，可立足两个视角进行市场细分：一是消费者导向的细分；二是产品导向的细分。就消费者导向的细分而言，主要针对市场整体进行社会调研，包括个体普遍关于品牌或产品的感知情况、感知过程中的态度、了解过程中的动机、具体的需要等，然后进行调研数据的统计与分析，在明确目标市场的同时，将企业品牌和产品进行科学定位。就产品导向的细分而言，主要按照市场中个体的消费心理类型，将市场进行具体划分，从中进行市场定位。每种消费心理都会导致其消费行为的不同，有针对性地提供消费策略，势必可以在无形中让企业市场营销有效进行市场定位。

（四）价格定位

从企业市场营销战略的作用和价值层面出发，可以将产品更好地推向市场，获得目标市场的广泛认可，从而确保企业在未来发展道路中始终保持较高的可持续性。在此过程中，价格定位是否合理关乎企业市场营销战略作用与价值能否实现最大化。有效进行价格定位方法的介绍如下。

如果以扩大目标市场为出发点，那么企业在进行产品价格定位的过程中，通常其价格定位较低。如果以高质量、高标准为先导，那么企业在进行产品价格定位的过程中，通常其价格定位较高。如果以最大限度地避免目标市场内激烈竞争关系的产生为目的，那么企业在进行产品价格定位的过程中，往往会选择从众的方式来进行价格定位。如果企业为了能够在最短时间内摆脱经营困境，那么企业在进行产品价格定位的过程中，经常会选择成本定价的方式来进行产品定价。

（五）概念定位

概念定位在市场营销战略中，通常被认为是一种较为抽象的市场定位方法，是从精神层面将品牌和产品进行市场定位，由此让市场个体能够根据自身的需要去选择消费市场，企业从中为之提供最直接的品牌服务和产品服务。概念定位主要包括品牌定位和产品定位两种方式。

在品牌概念定位方面，先要明确品牌的产生是以吸引消费者目光为目的的，并且让消费者能够增强对品牌自身的忠诚度，从而让品牌在市场大环境中能够有明显的优势。其中，针对品牌概念的定位，必须结合品牌自身的业务领域、品牌的公众形象、企业文化等多方面来进行。在产品概念定位方面，先要明确产品概念也是以吸引消费者目光为目的，并且能够增强消费者对产品的忠诚度，确保产品在市场大环境中能够脱颖而出，成为企业可持续发展和又好又快发展的"利器"。在此期间，产品概念的定位要立足产品定位和产品风格来进行，以此确保企业市场营销战略运行过程中，能够针对不同的目标市场提供与之相适应的产品和服务，满足其最直接的产品需要。

针对本节所论述的观点，不难发现在市场营销战略架构中，准确的市场定位发挥着至关重要的作用，故而也是该战略架构中不可缺少的一部分。在具体操作过程中，不仅要明确准确的市场定位内涵与意义，还要在市场定位的方法上结合企业实际情况作出科学的选择。

第四节　完整的营销计划

立足高度完善的市场营销战略体系基本构成条件，可以看出市场营销计划的完善性会直接影响市场营销战略的实施效果，企业在目标市场中的可持续发展也将会受到直接影响，完整的市场营销计划作为前提条件中不可缺少的一部分，发挥的作用和价值更是至关重要。

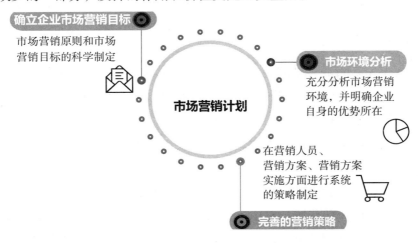

图2-3　企业市场营销完整的计划构成

如图 2-3 所示，在企业市场营销计划中，必须包含以上三个重要组成部分，每个组成部分所发挥的作用和具有的意义是无法取代的。图 2-3 中仅呈现了每个部分应该包括的主要因素，但并没有将每个因素在实践中的具体操作进行逐一说明。为此，在下文中就将对每个因素在实践中的具体操作进行系统性的阐述。

一、确立企业市场营销目标

从完整的市场营销计划制订的全过程来看，目标的制定显然要摆在首位，因为目标就是未来发展的方向，制定目标就是要结合以往、立足当下、放眼未来。对此，在企业建立完整的市场营销计划过程中，先要确立完整的市场营销目标，具体操作是先明确其原则，再进行目标的科学制定。

（一）市场营销目标确立的原则

企业市场营销目标就是企业未来发展所要达到的预期高度，市场营销的各项活动都要以实现这一目标为中心，以此来增强企业未来发展的可持续性。对此，在企业市场营销目标的确定过程中，必须要有明确的原则作为导向。

其中，企业本身必须做到能够客观审视品牌和产品市场推广的历史，并对其现状作出客观的分析，更要明确目标市场内部存在的竞争因素和可拓展空间，由此方能科学确立市场营销目标。对此，历史性、客观性、发展性就成为企业市场营销目标确立的基本原则，也是企业市场营销战略制定的基本条件之一。

（二）市场营销目标的制定

市场营销目标的制定需要考虑诸多因素，既包括企业之前在市场中的产品销售总量，又包括产品在市场中的占有量，还包括品牌在市场中的认可度，并对其进行综合分析，才能制定出最终的市场营销目标。

就之前市场中产品销售总量而言，要结合此前市场营销周期中各个阶段的市场营销相关数据，对市场中产品销售的总量作出准确计算，并结合企业发展的目标和目标市场产品需求程度，以及目标市场可开发程度，客观判断出接下来目标市场产品销售总量。

就产品在市场中的占有量而言，要对目标市场内其他竞争企业产品销售量加以探明，并结合自身企业产品销售的数量，明确企业在目标市场产品销售总量中所占的份额。

就品牌在市场中的认可度而言，要结合目标市场内的消费人群，对本企业下辖的品牌知晓程度和满意程度进行调研，同时要对有意愿了解本企业下辖品牌的消费人群进行全面统计，进而判定目标市场可扩大的空间，这些显然都是提高目标市场产品销售数量和市场占有率的有利条件。最后，综合上述调研结果的统计数据进行分析，来制定市场营销目标。

二、市场环境分析

充分认知市场环境，并审视企业自身存在的优劣势无疑是企业以正确的态度对待市场营销，并从中谋取可持续发展之路必不可少的环节，所以作为企业市场营销战略分析的重要组成部分，市场环境分析也起着巨大作用。

（一）市场营销环境分析

立足目标市场，不仅要对其他企业在品牌打造、产品价格、产品类型、产品特点、品牌推广手段、产品销售策略等多方面进行深入分析，同时还要对企业自身在品牌打造、产品价格、产品类型、产品特点、品牌推广手段、产品销售策略方面的现状进行全面概括以及全方位的分析，让当前目标市场的发展状况和企业自身的营销情况能够充分呈现在企业决策者面前。

其中，针对目标市场中的其他企业而言，主要展现在目标市场中消费者对品牌和产品的知晓程度和认可程度。就企业自身而言，主要展现在旗下品牌的文化内涵与特点，产品在目标市场范围内的影响力，以及产品的种类是否能够在目标市场全覆盖，消费人群普遍接受程度等。这些无疑为决策者能够有效分析市场营销环境提供了客观依据，同时确保对企业在市场中的优劣势分析更为客观。

（二）企业在市场中的优劣势分析

在明确企业所处目标市场环境的同时，还要通过对比的方式，明确与其他企业之间的竞争优势和劣势。所谓"优势"，是其他企业不具备，而自身企业所具备的条件，并且依托这些条件能够促进企业开拓目标市场。所谓"劣势"则与"优势"相反，是其他企业具备，而自身企业并不具备的条件，其他企业会通过这些条件抢占目标市场，压缩自身企业市场发展的空间。

在品牌方面的优劣势分析中，主要结合品牌自身的文化、品牌特色、推广方式等方面，与目标市场内部其他企业进行对比，明确优势因素具体包括哪些，劣势条件主要有哪些，进而为企业通过品牌层面完善市场营销策略提供有力依据。在产品方面的优劣势分析中，主要以产品价格的合理性、产品特点的明确性、产品功能的多样性、产品销售策略的合理性为视角，与目标市场内部其他企业进行对比，从而明确优势因素主要包括什么，而劣势因素主要体现在哪些方面，进而为企业通过产品层面完善市场营销策略提供强有力保障。

三、完善的营销策略

完善的营销策略之所以作为企业市场营销战略体系中的重要支撑条件，其原因就是涉及营销人员、营销方案、营销方案实施三方面的策略，策略的科学性、合理性、完善性必然会在市场营销体系运行中发挥重要作用，反之则不然，以下将对这三方面策略进行系统地阐述，确保上述观点能够得到论证。

（一）营销人员方面的策略

从企业市场营销最为理想的选择层面出发，促销显然是最普遍、最常用的方法，所以在市场营销策略方面的制定中，产品促销自然成为重要的组成部分，营销人员方面的策略的构建也势必要将人员促销视为基本侧重点，具体操作从以下三个方面入手。

第一，促销的作用和过程。在市场营销活动中，促销就是通过专业人员运用专业技巧，让目标市场中的潜在消费者主动了解品牌和产品，并最终将主动了解的心态转化为消费行为，满足其内心的迫切需求。促销的过程主要体现在品牌推广和产品销售的前、中、后三个阶段，让消费者和企业之间能够通过品牌和产品得到有效的沟通。

第二，促销人员队伍的组织。促销人员的组织与构建应呈现出体系化特征，在促销活动开始之前应经过周密的培训，明确促销的手段与技巧，并帮助促销人员充分掌握促销手段与技巧，确保品牌推广和产品销售的效果能够达到最佳。

第三，促销人员的管理。产品促销作为品牌推广，并且确保目标市场受众范围实现最大化的有力举措之一，在促销人员管理方面，必须有一套明确的制度，并且还要具备较为完善的管理措施和激励机制，由此确保促销人员在品牌推广和产品销售过程中能发挥最大作用。

（二）营销方案制定方面的策略

营销方案的制定是市场营销策略的关键组成部分之一，方案的理想程度直接关乎市场营销活动实践效果。基于此，在进行市场营销战略体系的分析中，有效进行市场营销策略分析就必须将营销方案的制定策略加以高度明确。

第一，要充分考虑营销的基本路径。从时代发展角度出发，市场营销的方案要随时代发展大环境的变化而变化，做到高效利用时代资源，不断颠覆市场营销的固有认知，由此才能确保市场营销方案的实施效果更加趋于理想化。其中，在市机营销的基本路径方面，应不断进行拓展，形成有形与无形相结合，助力市场营销效果实现最大化。

第二，要具体规划营销的实施过程。围绕市场营销的具体实施策略，明确需要的支持条件，并且确定与之相关的市场营销手段，确保每项措施都能顺利进行，并最终实现企业品牌和产品推广效果始终保持理想的状态。

（三）营销方案实施方面的策略

第一，产品与价格方面的实施策略。"价格战"想必是市场营销领域经常听到的专属名词，也是企业在目标市场试图获得最大化发展空间的普遍选择。针对市场营销领域而言，"价格战"必须要在产品质量得到保证的前提下来进行，最大限度地降低产品价格的同时，更要保证产品质量不降反增，由此才能让市场营销战略实施效果趋于理想化。

第二，销售渠道与广告宣传方面的实施策略。应做到"与时代同呼吸"，进行市场营销渠道的深入挖掘。其中，线下营销渠道显然必不可少，主要以商场、超市、门店促销活动为主。与此同时，还要通过品牌官方网站，定期发布促销信息，并接受产品预订，确保线上销售渠道能够得到全面开放。在品牌宣传方面，也要采用"线上"和"线下"相结合的形式，在销售渠道全面落实过程中，大力宣传品牌与产品广告，由此让市场营销方案实施策略的作用最大限度地发挥出来。

第五节　高标准的产品生产

高标准的产品生产，是企业市场营销战略体系中不可缺少的一项重要支撑条件，能够直接影响企业市场营销战略成果。为此，在不同时代背景下，企业市场营销战略体系的构建中，必须将高标准的产品生产作为重点关注对象。在此期间，如何才能确保企业生产出高标准的产品，这就需要进行深入的探索与分析，企业生产高标准产品的关键点如图 2-4 所示。

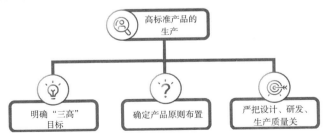

图 2-4　企业生产高标准产品的关键点

一、明确"三高"目标

从身体健康角度出发,"三高"并不是人体想要的理想状态,需要从日常多个方面进行控制,但在企业产品生产过程中,"三高"则是必须坚定的目标,即"高效""高标""高质",是企业将产品推向目标市场,并得到目标市场一致好评的必要条件,更是企业品牌必须具备的基本素质,所以"三高"产品成为企业市场营销战略真正赢得目标市场必不可少的优势条件。在产品生产过程中真正将"三高"目标转化为现实需要的前期准备工作,具体如下。

(一)明确产品"三高"的内涵

产品生产"三高"目标的实现是企业有效将产品推向目标市场,并确保品牌能够得到目标市场高度认可的有力保证,但在实践过程中,该目标的全面实现必须先对其内涵加以深刻认知。

所谓"高效",其实质就是高效能和高效率。在企业产品生产过程中,高效主要表现在用最短的时间生产更多高质量的产品。所谓"高标",就是指高标准。在企业产品生产过程中,评定产品质量和生产速度的标准更高,以满足目标市场现实需求和未来需要为主要标准。所谓"高质",其实质就是高质量。在企业产品生产过程中,产品生产速度和成果达到高标准,就是产品高质量的具体表现。

(二)找准"三高"产品生产的侧重点

从产品生产"三高"目标的具体内涵来看,将每项转化为现实都并非易事,需要在产品生产过程中抓住关键要素,由此才能保证产品生产过程始终保持高效率、高标准、高质量。这些关键要素显然是"三高"产品生产的侧重点。

确保产品生产高效率的侧重点:强调产品生产路径的科学化,确保产品生产的各个环节能够用最直接的方式连接,从而缩短产品生产的时间。与此同时,还要满足产品自身的质量要求,这是产品生产实现高效率必须具备的条件。确保产品生产高标准的侧重点：要始终将满足目标市场的普遍需求为产品生产的根本出发点，强调产品在功能性、实用性、美观性、价值性的科学融合，确保产品本身能够更好地服务目标市场的广大消费者。确保产品生产高质量的侧重点：在产品生产过程中，生产技术的应用、生产材料的选择、生产工艺的细化方面必须做到严格要求，由此确保产品的生产过程是高质量产品产生的过程。

二、确定产品原则布置

产品原则布置是全面提高产品生产效率的重要保证，更是有效提高产品与服务标准的重要推手。故此，在企业市场营销战略构建过程中，高标准的产品生产必须要将产品原则布置作为重点关注对象，其细节应该体现在明确产品原则布置的定义和优势两个方面。

（一）产品原则布置的定义

产品原则布置主要是指在进行高标准产品生产和高标准服务过程中，有效设置各个产品自身的工艺设计和加工的工艺流程，进而实现高质量、高标准、高效率的生产。在此过程中，相似的产品或服务数量不能过多，通常保持在一项或几项即可。另外，由于每种产品或服务的加工工序具有相同性特征，因此，在物料和设备的运输方面都要具有固定的布局。针对我国制造业而言，产品原则布置主要体现在生产线或者装配线上，具有较高连续性的生产线和装配线通常被称为流水线；针对服务业而言，产品原则布置并没有过多涉及，因为消费人群之间的需求具有较大的差异性。

（二）产品原则布置的优势

第一，产量高。众所周知，"流水线作业"是生产制造业一贯采用的产品生产路径，特别是规模较大的生产企业，普遍采用流水线作业的模式进行产品加工，从而提高企业自身的产能。这也充分说明了产品原则布置在高质量产品生产过程中，具有产量高的优势，能最大限度地满足目标市场的切实需求。

第二，产品生产的费用能够得到有效控制。众所周知，产品生产的各个环节以最快的速度形成对接，必然会降低产品生产的成本，避免不必要的环节出现，从而避免资源浪费现象。由此可见，在产品生产过程中，既要保证产品生产的效率和质量，也要确保产品本身的成本得到科学控制，所以这也是产品原则布置在高标准产品生产过程中的优势所在。

第三，人机利用效率极高。通过实验对比的方式可以看出，"总装线""装配线""流水线"的运作流程显然增加了设备使用的频率，同时每条"总装线""装配线""流水线"只需要一个或几个操作人员就能进行整条线路的控制，这在极大程度上提高了人员和设备的利用效率，从而彰显出产品原则布置的又一明显优势。

第四，生产工艺线路的整体布局会保持高度的程序化。毋庸置疑的是，任何工作流程实现程序化都会全面提高工作质量和工作速度，这也正是高效率工作的直接体现。在产品原则布置过程中，每条生产线的布局都以最快速度衔接为根本出发点，进而形成一条完整的生产线，这显然能够提高生产工艺的程序化。故而，这也是产品原则布置的又一优势所在。

三、严把设计、研发、生产质量关

从产品生产的角度来看，高标准的产品生产往往表现在产品生产阶段，产品设计与研发阶段发挥的作用至关重要，是高标准产品生产的重要前提，这也正是为何将高标准的产品生产作为企业市场营销战略重要组成部分的原因。

（一）严把产品设计关

从企业市场营销战略角度出发，产品设计无疑是企业市场营销战略决策的重要前提，原因是设计水平的高低直接影响后续产品研发、产品生产、产品销售、品牌推广等多个环节，进而产品市场营销战略的整体运行都会受到相应影响。在这里，严把企业产品设计关既成为高标准产品生产的首要环节，也是市场营销战略体系构建中不可缺少的一部分。

其中，应充分认识到设计定型工作的重要意义，将产品设计质量进行综合性分析与评定，并且通过实验的方式对产品设计质量进行校验，通过图形和文字相结合的方式说明产品设计本身的可行性和能否实现预期目标。如果产品设计质量经过综合分析与评定达到相关标准，则转交至产品研发部门，将整套产品设计方案进行转交，让设计方案向成品转化。如果设计质量未能达到预期标准，那么则要有针对性地对方案进行优化与调整，在设计方案达到质量评价标准后，再转交至产品研发部门，为生产出高标准产品做足准备的同时，更为市场营销战略顺利实施提供最为有利的前提条件。

（二）严把产品研发关

产品研发阶段在高标准产品生产过程中，发挥着承上启下的作用，所以在企业市场营销战略体系中，也占据着至关重要的位置。严把产品研发关不仅是企业生产高标准产品必不可少的因素，还是市场营销战略体系高质量运行必不可少的条件之一。严把产品研发应注意两个方面的问题。

第一，高度重视产品研发思想的前沿性。产品设计方案最终体现的是一种设计理念，设计理念在产品中的完美呈现必须有高质量研发过程作为支撑，研发思想是否能够保持前沿性显然是设计理念完美呈现的重要保证，高度重视产品研发思想的前沿性显然是严把产品研发关的重中之重，也是企业市场营销战略层次提升的有力推手。

第二，既要严格把控产品关键部分研发成果的质量，又要明确产品研发思想的前沿性只是全面提高企业产品研发质量的基础，研发成果质量的全面提升才是该阶段的重中之重。在此期间，既要考虑便捷支持服务的研发，又要考虑产品功能性技术升级方案的研发，还要考虑研发成果向现实转化的可能性，以此为实现"三高"目标提供强有力的保证。

（三）严把产品生产关

产品生产与产品质量之间的关系不言自明，有着"前者决定后者"和"后者是前者的客观反映"两个最基本的关系。企业产品设计和产品研发的最终目的是将高质量的产品全面推向目标市场，并且确保目标市场能够得到充足的产品供应。对此,严把企业产品生产关就成为企业市场营销战略体系中又一重要组成部分,也是企业市场营销战略体系高效运行的重要抓手。

具体操作包括两个方面:第一,要将质量作为衡量产品生产过程的重要标准。产品质量体现产品生产过程中的技术运用、材料选择、工艺运用是否科学合理,所以在高标准的产品生产过程中,必须将产品质量作为重要的衡量标准,其中生产技术的先进性、材料选择的科学性、生产工艺的精细化显然都是最基本的衡量标准。第二,生产速度是衡量产品生产过程的又一重要指标。生产速度和生产质量是构成生产效率的两项因素,高效率生产自然是在最短的时间内生产出更多高质量产品,而这也正是在评定产品生产过程是否达到高标准的主要原因之一,更是助力企业市场营销战略高品质发展的关键条件所在。

通过本节所论述的观点,可以看出高标准的产品生产是一项极为系统的工程,更是企业市场营销战略体系的核心组成部分,其作用、意义、价值,是企业将品牌和产品全面推向目标市场,并且实现目标市场最大化拓展的重要保证。另外,在企业市场营销战略体系的构建中,严格的营销管理与售后服务,也是企业市场营销战略体系的重要条件。

第六节　严格的营销管理与售后服务

在企业市场营销战略体系的基本构成条件中,系统化的保障条件自然必不可少,特别是市场营销管理和售后服务必须放在重要位置。其间,诸多因素都会影响企业市场营销管理和售后服务的总体质量。对此,笔者在正式论述本节研究观点之前,先通过一张图明确指出市场营销管理与售后服务的影响因素,具体如图 2-5 所示。

图 2-5　市场营销管理与售后服务的影响因素

如图 2-5 所示，在企业市场营销战略的构成中，营销管理和服务质量作为两项必不可少的条件，其作用不仅能够提高企业市场营销战略的整体水平，还能确保企业市场发展的可持续性和又好又快步伐的不断加快。然而，虽然图 2-5 中指明了影响因素，但影响因素所产生的营销作用并不能充分展现。

一、明确市场营销管理在企业经营中的地位

"管理"作为高效率完成某项工作的重要保证，在各个领域普遍得到了高度重视。在企业市场营销体系构建与运行中，过程的系统性不言而喻，确保多方能够保持高度协同的状态更需要有严格的市场营销管理作为支撑。所以，在企业市场营销战略体系的构建与运行中，市场营销管理必须放在战略性位置。

（一）市场营销方案分析、设计、实施、控制的具体过程

在企业市场营销管理工作中，主要对市场营销方案的可行性，以及实施过程所获得的结果进行客观分析，从中找出可进行优化与改革的设计方案。此后对其有效性进行验证，最后将具体实施策略进行有效地控制。这显然是企业市场营销战略体系运行过程中必不可少的环节，同时也是企业在市场发展浪潮中，是始终处于可持续和又好又快发展状态的重要保证。

（二）是企业实现经营目标的重要保障条件

经营一家企业远远比有效落实一项系统工程的难度要大，需要顾及的因素众多，同时要确保各方面因素能够得到有效协调，进而实现企业经营目标。企业市场营销战略体系的运行过程就是要确保企业达到这一目的，市场营销管理是有效进行全面协调，并保障其目的达成的主体所在。

二、确立并坚持"销售只是市场营销体系重要组成部分而不是全部"的思想

从市场营销体系的完整性出发，销售显然是至关重要的组成部分，是企业通过产品获得利润的主要途径。但市场营销体系中的"营"是指企业经营之道，所以销售只是其中一个重要环节，而并非市场营销体系的全部。其中，售后服务就是市场营销战略体系中不可缺少的一部分。

（一）"销售"并不是企业市场营销体系的唯一组成部分

从前文的论述来看，极容易给人们造成一种错觉，即市场营销就是品牌的市场推广和产品的市场销售。故此，让人们认为企业市场营销就是以销售为主，但实则不然，销售只是市场营销战略的重要组成部分，但绝不是其唯一，售后服务也是其重要组成部分，并且在市场营销战略实施过程中起着重要的保障作用。

具体而言，主要体现在两个方面：第一，售后服务体现品牌的人性化理念。在目标市场中，企业向消费人群最终推送的是产品，但消费人群最

终获得的不仅是产品本身，还包括贴心的售后关怀。消费群体往往并不认为这种关怀是产品本身所提供的，而是将其归为企业所推出的品牌，是品牌人性化理念的具体表达。第二，售后服务体现企业负责任的营销态度。从企业层面讲，目标市场消费群体最直接了解企业的方式往往通过产品来实现，产品本身的品质通常只能给消费群体留下第一印象，而最深刻的印象是在售后阶段的服务，无微不至的服务更能让消费群体感受到企业负责人的营销态度，更有助于加深个体对企业的良好印象。

（二）"售后服务"是企业市场营销体系的有力保障

在市场营销战略中，"售后服务"的阶段体现于"售后"二字，主要的工作在于"服务"，"为谁服务"和"怎样服务"是售后服务关注的两大焦点话题，无论是在市场营销学研究领域，还是在企业市场营销实践领域都在不断进行深入的探索。这也充分说明了在市场营销战略体系构建与实施过程中，"售后服务"是全面提高企业市场质量的保障性条件。

第一，售后服务的内容更加细致入微。从时代发展角度出发，"售后服务"越来越成为企业突出产品特色的重要出发点，让"服务打动消费者"的营销理念得以深层体现，并且售后服务的内容正在走向极致化，切实让服务成为产品质量的附加品。

第二，售后服务的渠道更加多样、便捷。从售后服务的渠道方面来说，企业普遍保持着"与时俱进"的姿态，强调新资源、新平台、新路径的高效运用，让便捷化和多样化的售后服务途径贯穿其中，在彰显售后服务人性化特点的同时，也让企业市场营销的整体水平得以不断提升。

第三章
产品策略的内容研究

以往产品，从无到有直到顺利推向市场，并实现市场收益最大化的过程是一项极为系统的工程，必须有充分的前提条件、动力条件、保障条件作为支撑，而这也是笔者在本章所要研究与探索的主要方向。

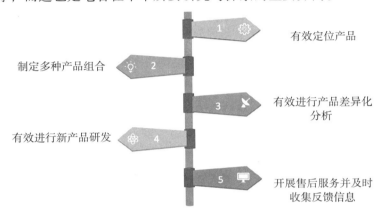

制定多种产品组合　2

有效进行新产品研发　4

1　有效定位产品

3　有效进行产品差异化分析

5　开展售后服务并及时收集反馈信息

图 3-1　企业产品策略的基本构成

如图 3-1 所示，企业在进行产品策略制定过程中，必须做到策略贯穿产品设计、研发、生产、销售、服务各个环节，由此方可确保产品真正被目标市场广泛接受，并最终达到扩大目标市场的目的。在此期间，笔者认为必然包括产品定位、多种产品组合谋略、产品差异化分析、新产品的研发、售后服务与信息反馈五个基本因素，每个因素都能充分发挥其作用并形成一套完整的产品策略，这就为市场营销战略达到高水平提供了强大的动力。

第一节　产品的定位

就产品而言，广受欢迎的产品自然会赢得大众的青睐，所属品牌也会赢得极为广阔的市场发展空间，市场营销战略发展的可持续性也因此会得到强有力的保证。但是，将其转化为现实必须有明确的产品定位，其中影响产品科学定位的因素众多，必须逐一进行发掘。

一、产品定位的原则

产品定位是否得当决定产品能否在公众视野中得到关注，更关乎产品设计与研发是否能始终保持正确的视角，让企业在市场发展中站稳脚跟和实现利益的长久化、最大化。特别是在新经济背景下，品牌之间的激烈竞争导致产品与产品之间存在激烈的竞争关系，确保在激烈的产品竞争中始终保持不败之地，需要企业根据品牌发展的视角和高度，对产品进行科学定位，定位原则要始终保持客观和准确。

（一）适应性原则

随着时代发展的步伐不断加快，人们的消费水平不断提高，产品的购买标准也随之不断提高，在性价比方面也普遍有着共同点。对此，企业在产品设计、研发、生产、销售过程中，必须要适应大众普遍的高性价比心理，在产品价格一致的情况下，实现质量和功能的最优化，由此才能适应社会需求，确保产品发展的可持续性。在这里，就需要企业以适应性为原则进行产品定位。

原因分析：产品生产并推向社会最根本的目的在于能够赢得消费者的高度认可，为企业、团体、组织或个人带来最大化的收益。为此，就需要企业根据自身的品牌发展理念，以及实际情况，对产品的功能性、实用性、美观性、价值性，以及价格和营销对象有着准确的认知，针对其产品能够作出准确的市场定位，以求利益的最大化和发展的可持续化。而这就需要产品高度适应社会人群消费心理，同时能够高度适应社会发展的大环境和大趋势。要不断进行社会调研，了解公众普遍的产品消费心理和消费能力，不断进行全面而又深入的数据分析，以求产品定位的视角始终适应社会的需要，而这也正是产品定位要保持适应性原则的根本原因。

（二）竞争性原则

从市场营销战略发展角度出发，其根本目的是品牌与产品能够在市场大环境下可持续生存，并且不断赢得巨大的发展空间。在此期间，品牌与品牌自然会产生激烈的竞争，产品与产品之间更是如此。其中，产品是品牌推广能让公众最直接感受其魅力。特别是在新经济背景下，市场营销战略水平的提高实质就是产品核心竞争力的提升。因此，在进行产品准确定位的过程中，具有强烈的竞争性成为产品定位的一项基本原则。

原因分析：在相同领域内，企业与企业之间显然存在激烈的竞争关系，但竞争关系中最为激烈的还是产品之间的竞争，能够在市场中拔得头筹的产品更有说服力，企业品牌的推广也会更加顺利，品牌和产品的公众认可度势必不断提高，市场营销战略的实施效果也必然朝着又好又快发展的道路迈进。反之，如果产品本身在各个方面并没有明显的竞争力，必然导致产品不被公众所认可，同时品牌也难以赢得市场，这样不仅会导致市场营销战略实施效果难以达到预期，还会导致品牌和产品最终被市场淘汰。基于此，在新经济背景下，产品定位势必将竞争性作为基本原则，由此不仅能体现品牌的市场竞争力，还能展现企业在市场发展大环境下的核心竞争力。

（三）单一性原则

从时代发展角度出发，各个领域的发展普遍重视"多样性"，并不倡导单一性，可是在新经济背景下的市场营销和产品策略可持续发展道路中，产品定位的多样性固然行不通，甚至可以将其称为一大禁忌，不仅不利于市场营销战略和产品策略发展的可持续化，还会导致企业在市场发展中面临巨大的风险。相反，如果产品定位能够始终保持单一性，显然能够有效避免上述弊端和风险，确保市场营销战略和产品策略的可持续性。

原因分析：就产品定位而言，单一性主要体现在为产品进行单一维度的定位，而非多维度的定位。如果不能保持维度的单一性，必将造成严重后果，即公众对产品的第一印象并没有特殊的烙印。这种情况的出现意味着消费群体在众多同类等价产品中，不能发现该产品在性价比、功能性、价值性等方面的优势，进而会将该产品排除在选择范围之外。这样产品很难在公众中得到全面推广，同时品牌也很难得到消费群体的高度关注，不利于新经济背景下市场营销战略的可持续发展。强调产品定位的单一性成为关键中的关键，必须将其视为新经济背景下产品定位的主要原则之一。

（四）固定性原则

从产品的消费群体需求层面分析，消费群体更希望产品本身的性价比越来越高，并且品质也能不断得到提高，但这一需求的增长速度往往并不明显，是随着时代发展进程慢慢发生改变的。故而，企业在进行产品定位的过程中，要将"固定性"作为基本原则之一，从而实现产品能够始终向消费群体体现出永恒的价值。

原因分析："可变性"与"固定性"相对应，明确后者就不难发现前者的基本内涵。所谓"可变性"，是指在明确某一目标、某一方向、某一路径的基础上，能够根据实际发展中的具体情况，对其作出具体的改变，其改变的幅度既可以是微乎其微的改变，也可以是颠覆性的改变。反之，"固定性"就是在明确某一目标、某一方向、某一路径之后，轻易不会作出任何改变，必须严格按照原定计划实施，以求能够经过不断努力实现预期目标和预期结果。针对新经济背景下的市场营销战略和产品策略，消费群体的需求往往不会在短时间内有着明显的改变，所以产品定位也不能轻易发生改变，这也正是在新经济背景下，将"固定性"作为产品定位原则的主要原因。

二、产品定位的必要条件

在市场营销战略实施过程中，产品本身能否适应不同时代的消费群体的需求成为必须着重思考的问题。前文中已经提到科学进行产品定位是基本前提，要先明确其原则，再确定其必要条件，这样才能为产品定位采用合理的方法和有效进行定位测试奠定基础。接下来的观点论述中，笔者就围绕产品定位的必要条件进行深入分析，使产品策略构建的基础条件能够得以清晰呈现。

（一）明确目标客户

从产品设计、研发、生产的初衷来看，能够得到消费群体的广泛认可，从而在强烈的消费心理作用下转化为消费行为，成为产品本身的目标受众。在此期间，应将全面了解消费群体在此类商品选择过程中的关注视角放在首要位置，进而确保产品定位的科学性得到最基本的保证。

第一，了解消费群体对此类产品价格的接受程度。价格是否能让消费群体普遍满意直接影响产品的社会推广空间，同时也直接作用于消费群体对所属品牌的定位。所以，在进行产品定位的过程中，先要了解消费群体对此类商品价格的接受程度，以普遍适合其消费能力的产品为主打，让产品在消费群体范围内的推广具有可持续性，进而才能获得更广阔的市场。

第二，了解公众关于此类产品的功能需求。随着时代的发展和社会的进步，人们的物质生活水平已经得到了基本满足，同时也有一部分人在物质生活需求的水平上有了一定提升，针对产品而言，关注的焦点往往是其所具有的功能性，具有功能多和操作方便的特点则更受人们青睐，价格往往位于其次。而这显然是新经济背景下人们日常消费的大趋势，所以企业在制定产品策略的过程中，也普遍将了解消费群体关于此类产品的功能需求放在了重要位置上。

第三，了解大众关于此类产品美观性和价值性的需求。有一部分消费者在选择商品的过程中，将产品本身的价值性和美观性纳入了重点考察范围，甚至将功能性和产品本身的价格依次排列，经过综合考虑之后才确定产品的性价比。针对这一部分人群而言，产品在设计、研发、生产过程中要有更高的要求，必须将其作为产品定位参考因素之一。如果对这三个方面因素有了全面了解，目标受众固然能够得到满足，产品在设计、研发、生产过程中关注的重点也会更加明确，力保产品与受众之间能够形成有效对接。

（二）客观认知能够提供的产品和服务

在做到有效了解消费群体对此类商品价格上的需求，以及功能性、美观性、价值性需求的基础上，随后要明确在现有研发条件和生产条件下，企业能够为消费群体提供怎样的商品和服务，从中找出产品与此类商品中的基本竞争优势，这样有利于产品的品质定位更加清晰，以求产品策略的"人性化"理念得到彰显，从而进一步细化产品定位，具体论述如下。

第一，客观认知产品性价比的优势。针对产品而言，所谓的"性价比"是指产品自身性能与价格比重大小。具有性价比优势的产品通常会受到消费群体的普遍欢迎，高性价比是决定产品能否在试产中得到广泛认可的重要因素之一。对此，在进行产品定位过程中，必须以产品自身的性价比是否具有优势作为重要结合点，从而判断出向大众提供的产品会受到哪一部分消费人群的欢迎。

第二，审视产品服务方面的优势。产品推向大众的过程不仅包括产品本身，还要附带相关的服务，主要包括售前、售中、售后三个方面服务，服务理念是否"人性化"，能否以最便捷的服务方式帮助消费人群解决问题，是否能够及时了解消费人群不断产生的新需求，成为产品扩大消费人群的关键性因素之一。故此，审视产品服务方面的优势更有助于产品本身的科学定位。

第三，初步判断产品性价比和服务优势与大众需求是否对称。在客观审视产品性价比和服务优势的基础上，针对社会不同消费人群的消费心理特征，初步判断能否与消费人群普遍的消费心理相一致，如果结果高度肯定，那么产品所针对的人群必然会高度明确，产品设计、研发、生产的视角随之更加清晰，产品也能初步形成有效定位，反之则不然。但是无论结果怎样，产品都还未形成最终的科学定位，还要进一步扩大产品定位的条件，为产品科学定位提供更多的有利条件。

就当前人们普遍的消费心理来看，虽然购买某一产品的欲望始终都会存在，但是哪些产品会被纳入选择范围通常包括两个因素：一是产品本身的综合性价比；二是产品能否帮助自己解决其他相关的问题。同时兼具这两个因素的产品消费群体会普遍认为是高品质的产品，产品被选择的概率也会更大，企业在进行产品定位过程中，准确性也会随之进一步提高。对此，明确消费群体的需求就成为产品定位的必要条件之一，而该条件又分为以下三方面。

第一，产品质量上的需求。就目前而言，人们在选购某一类产品的过程中，关注产品自身质量的人群体量较大，消费心理的理性程度相对较高。对于这一消费群体而言，在进行产品定位的过程中，要明确产品质量能否全面满足这一消费人群的普遍需求，进而对产品进行客观的质量定位。

第二，产品美观性和价值性的需求。众所周知，在新经济时代，互联网购物已经成为消费群体的普遍选择，购买人群主要为中青年，电商平台成为人们日常购物的主要载体，产品的美观性和价值性成为吸引其眼球的必备条件。为此，在进行产品定位的过程中，满足消费群体对美观性和价值性需求的具体程度自然成为价值定位的主要依据，这也为产品定位高度客观提供了有力支撑。

第三，产品功能上的需求。产品功能定位是产品定位中的重要组成部分之一，而定位过程显然要依据产品在设计和研发过程中所赋予产品的功能进行客观认知，同时充分了解能否与公众普遍的产品功能性方面的一般需求和潜在需求相匹配，进而方可实现产品科学化的功能定位，从而为产品进一步增加消费人群体量提供有力支撑。

（三）与竞争对手相比有哪些的差异

相信从事市场营销领域研究的学者和相关从业人员都能深刻意识到，只有明确产品与竞争对手之间的差异，才能进一步保证产品定位高度客观和准确，产品设计、研发、生产过程中所涉及的视角才能更为清晰，产品推向社会才能引发公众广泛关注。对此，明确与竞争对手相比有哪些差异，就成为产品定位过程中必不可少的条件，具体的对比应该包括以下三个方面。

第一，产品外观的差异。外观往往是人们想要了解某一产品的动力条件，造型奇葩或者造型美观都会吸引人们的眼球，从而人们才会由内而外地去了解该产品，这样产品本身就拥有被选择的机会，而产品被选择的概率则是由质量和价格所决定的。为此,在进行产品定位的过程中,先要将竞争对手现有的产品外观进行差异性对比,进而判断出自身产品艺术性定位的高度。

第二,产品功能的差异。"质量好""功能全"往往是产品高性能的主要象征,也是产品在设计、研发、生产阶段的普遍追求,但是其也受到产品定位的约束,定位较低就意味着成本受限,两者均不能得到充分保证,定位较高虽然成本不会受到明显的限制,但是受众面会较小,不利于产品推广的可持续性。为此,在进行产品定位过程中,必须结合竞争对手现已推向社会的产品,对功能性的差异进行对比,由此做到功能定位的高度准确。

第三,产品服务的差异。服务定位是产品定位的侧重点之一,找到竞争对手在相同类别产品中所提供的服务,并将其进行差异性对比,必然能够体现出彼此间的优势与不足,这样产品自身的服务定位必然更加客观准确,让产品在设计、研发、生产阶段都能拥有更清晰、更明确的指向。

三、产品定位的方法

从市场营销层面来看,产品推向社会的前提条件则是要将产品进行科学的定位,以此为基础才能使品牌推广的效果更加理想,真正实现用高质量的产品成就品牌高品质地发展。

(一)产品目标市场定位

"产品目标定位"其实质是先确定为谁服务,明确服务对象之后自然会找到为之提供服务的产品,这样产品的推广更加具有针对性,同时市场营销战略实施的过程也会更具保障。根据这一内涵可以充分说明在进行产品定位的过程中,必须将产品目标定位作为有效进行产品定位的第一步,具体包括以下两个方面。

第一,将市场细分并明确目标市场选择的过程。先要将市场进行细化,细化的过程就是结合公众消费心理进行消费人群的划分,随后依托企业发展的初衷来高度明确目标市场选择的具体过程,由此来保证产品能够顺利推广至目标市场之中，实现企业效益最大化，从根本上保证企业发展的可持续性。

第二，确定最终的子市场并确定所要提供的产品。细分市场最终的结果就是让市场能够形成多个子市场，有效选择子市场就是将消费人群加以高度确定，在拥有这些前提条件之后，再确定向消费人群提供的具体产品，并且做到向每个子市场所提供的产品各有不同，将该过程最终转化为现实就是产品目标市场定位的具体操作过程。

（二）产品需求定位

在有效进行产品定位的过程中，产品需求定位是五步走的第二步，其不仅是确保综合定位准确性的前提条件，还是至关重要的一步。在此期间，所用到的方法既要突出市场调研活动的重要性，同时还要做到客观而又理性的分析，由此方可保证产品需求定位的高度准确。

第一，全面了解需求的过程。产品经过准确的市场定位，有效进行产品设计、研发、生产过程，最终推向社会能否被消费群体全面接受往往不能通过单纯的分析和假想来实现，需要进行全方位的市场调研。先要调查上一代产品或与之相关的产品受众满意度，并且向消费群体了解应增加怎样的功能，材质进行怎样的调整，外观进行怎样的改变，能否达到高度满意等，最终将结果进行有效统计与分析，才能准确反映出消费群体对产品自身的价值诉求，让产品定位能够有更为直接和客观的依据。

第二，目标市场需求的确定。在精心作出市场需求调研结果的基础上，对需求产生的原因进行分析，明确消费群体在了解和使用同类产品过程中，为何产生以上各种需求，作出上述调整后消费群体的需要能否得到全面满足，进而结合其需求判断产品在材料、外观、功能方面的设计应该如何调整，从中将产品设计、研发、生产、销售过程中的成本进行科学预算，进而达到初步判定产品性能在同类产品中应该处于怎样的位置，在产品目标市场初步呈现出来。

第三，明确产品功能组合的可能性。从当今产品市场推广的现实状况来看，产品普遍在走功能组合的路线，因为某一产品往往功能越多质量就越无法保证,功能越单一质量往往越高。然而,功能组合能否被消费群体所接受就体现出产品功能组合定位是否准确,将其产品功能组合的可能性进行分析,就成为产品有效进行需求定位必不可少的一项工作,具体方法则要通过详尽的数据进行分析。

(三)产品测试定位

由于产品测试定位直接反映出产品设计、生产、研发能否被公众接受,进而说明公众对产品的了解程度和认可程度,产品测试定位是有效进行产品定位的第三步。

第一,产品概念的可理解性和可传播性。产品从无到有、质量不断提升、功能由弱到强需要一个过程,将其推向社会之后,消费群体必然也要有一个适应的过程,要适应产品的概念,适应过程是否理想直接作用于概念的传播效果。为此,在进行产品测试定位中,产品概念的可理解性和可传播性就成为一项重要的测试内容,测试结果可直接用于产品定位之中。

第二,同产品的市场开发程度。就当前而言,消费群体已经普遍意识到只有自己想不到的产品,没有商家开发不出来的产品,并且每类产品都在不断进行升级换代,其目的就是要深度开发市场,从中找出可持续发展的空间。为此,在进行产品定位的过程中,必须将市场同类产品的开发程度进行测试,从中挖掘出产品进一步开发的视角,从而将其作为产品定位的重要依据,由此确保产品设计、研发、生产的初衷始终能够适应市场发展大环境。

第三,产品属性与消费者的关联程度。产品属性是指产品自身的性质,在通常情况下,不同领域会导致产品不同属性的产生。而这些属性是否与消费者之间存在紧密的关联性,直接决定了产品未来的发展方向。所以,在进行产品定位的过程中必须将产品属性与消费者的关联程度进行测试,由此持续扩大产品在市场中的发展空间。

(四)差异化价值点定位

从字面含义讲,"差异化价值点"可以分为几个部分进行理解。"差异化"是指个体与群体中其他个体之间存在的不同，"价值点"是有价值的作用点，不难发现，"差异化价值点"就是根据个体自身的差异，从中找出具有特殊作用之处，这些具有特殊作用的点有着特殊价值，值得不断进行深入挖掘。为此，在产品定位过程中，差异化价值点定位是第四步。

第一，在有效结合目标需要、企业提供产品、竞争各方固有特点过程中，要先将产生的问题加以有效解决。

第二，要考虑提炼的这些独特点如何与其他营销属性综合。

第三，结合消费者的竞争研究成果，有效进行营销属性定位。一般的产品独特销售价值定位方法（USP）包括从产品独特价值特色定位、从产品解决问题特色定位、从产品使用场合定位、从消费者类型定位、从竞争品牌对比定位、从产品类别的游离定位、综合定位等。这些都是进行企业差异性品牌形象定位和推广的重要保障。

（五）营销组合定位

从定义层面出发，产品营销组合定位就是如何满足全社会关于产品的需要，不仅是一个系统性的过程，还是一个让定位落实到位的过程，所以作为产品定位的最后一步。

第一，明确产品营销组合所包括的内容。从市场营销角度出发，营销组合定位主要体现在品牌推广，先将品牌推向市场、推向社会，唤起消费群体的高度重视之后，再将产品推向社会，进而达到满意的营销效果。但是从产品角度讲，营销组合所涉及的范围较广，不仅要在价格层面上进行定位，还要在渠道和促销方案上进行有效定位，使产品被消费群体接受的有利条件尽可能得到扩充。

第二，要明确营销组合的到位过程也是再定位过程。营销组合需要在推向社会的过程中不断进行系统化调整，进而才能保证产品的实用性、功能性、美观性、价值性得到广泛认知，最终在性价比等多方面得到公众广泛认可，在这一过程中，营销组合的到位过程显然是再定位过程，也是市场营销达到理想目标的重要保证。

第三，确立并运行营销组合方案。在做到明确营销组合所包括的内容，以及意识到定位落实到位必须在再定位基础上，随之要结合时代发展背景，将产品价格、推广渠道、促销方向加以高度明确，并将其进行组合的可行性进行充分的验证。此后，要在具体运行过程中结合实际情况不断进行优化调整，以此来确保营销组合方案高度准确。

综合本节所论述的观点，不难发现产品定位是企业市场营销战略中不可缺少的一部分，在品牌推广道路中起着决定性作用。产品定位能够做到保持高度的客观性、科学性、准确性，能够充分彰显所属品牌自身的品质，进而直接助力企业市场营销战略水平的提升。

第二节　多种产品组合谋略

由于产品组合谋略的科学性直接影响产品在目标市场中的推广效果，因此，广大企业在进行产品优化与调整过程中，都会结合产品组合的合理性进行全面分析。但不可否认的是，企业真正做到多种产品组合谋略并非易事，需要明确多个方面的因素。

图3-2　企业多种产品组合谋略制定的注意事项

在图3-2中所表述的相关注意事项，可以看出企业在进行多种产品组合的制定过程中，必须以明确的目标、明确的原则、明确的策略作为支撑，由此才能确保让单一产品自身的价值通过有效组合的方式充分体现出来。

一、明确任务、目标、资源和外部环境

从传统意义上的产品组合谋略的制定过程出发，客观了解企业进行产品组合的任务与目标，审视现有资源和外部环境情况是重要前提和保障。其原因是真正做到审视企业当下自身发展情况和外部竞争情况，是确保产品设计、研发、生产、销售效果实现最佳，最大限度地让目标市场消费人群广泛接受。故此，高度明确任务、目标、资源和外部环境就成为市场产品组合谋略制定与实施中的第一环。

（一）产品设计、研发、生产、推广的任务与目标高度明确

从企业发展的角度来看，产品设计、研发、生产、推广的任务与目标就是要做到市场盈利最大化，但从目标市场消费人群角度出发，企业产品设计、研发、生产、推广都是要为自己服务，满足自己日常工作、学习、生活中的切实需要。为此，在进行产品组合策略的研究与探索中，高度明确企业发展中的任务与目标，以及目标市场中消费人群的切实需要自然成为有效确立产品组合谋略的根本前提，也是企业依托产品寻求市场发展空间最大化的理想突破口。

（二）现有资源和外部环境的客观认知

组合谋略既要做到了解企业现实的资源情况，又要了解目标市场竞争企业关于产品组合的具体情况，最终进行全面权衡方可制定出最为理想的产品组合，在确保目标市场消费人群能够广泛接受产品组合的同时，还应有效增加产品市场的占有率和利润率。正因如此，这也是有效保证企业目标市场核心竞争力，并实现有效拓展目标市场的重要措施。

二、制定产品组合的基本原则

无论是在进入新经济时代之前，还是在新经济时代背景下，企业在进行产品策略研究与探索过程中，都会将产品组合谋略的制定放在重要位置，而确保产品组合谋略切实可行就必须拥有一套制定产品组合的基本原则。在此期间，笔者认为必须坚持的原则应包括可控性、动态性、复合

性、整体性，并且做到各项原则之间能够形成共同作用。

（一）坚持可控性与动态性相结合原则

企业产品策略的"可控性"是指在产品设计、研发、生产、销售、服务实施过程中，发现问题或不足能够及时作出调整，全面掌控战略实施的全过程。针对以往企业产品策略的构建规律，企业在产品从无到有，从有到目标市场全面推广，从全面推广到售后服务的过程中，必须做到各项措施的落实都能有效得到控制，在保障企业发展的同时推动时代发展步伐的不断加快。另外，"动态性"原则是指在企业产品策略实施过程中，要针对策略实施的具体情况进行动态化评价和动态化调整，力求产品策略始终能够保持合理状态。

（二）强调复合性与整体性相互兼顾的原则

企业产品组合的构建必须做到科学合理地将某些单品进行科学组合，不仅要考虑产品的价格和质量，还要考虑产品的功能是否具有互补性，美观度是否能使彼此之间保持高度匹配，进而彰显出产品组合在功能性、实用性、美观度方面的复合性。另外，还要确保每个单品之间在价格、质量等方面能够在同一区间之内，不会形成明显的反差，进而保持产品组合能够真正成为一个整体，这也是产品组合策略中复合性与整体性相互兼顾的直观体现。

三、市场产品组合的定制策略

在企业明确制定市场产品组合必须考虑的前提条件，以及必须坚持的基本原则基础上，要将制定市场产品组合切实可行的策略加以明确。通常来看，扩大产品组合和精简产品组合两种策略是企业普遍关注的重点。为此，笔者立足这两种产品组合策略并加以阐述，明确两种策略的基本实施流程和具体优势所在。

（一）扩大产品组合的策略

扩大产品组合的策略主要是指将产品组合的广度和深度进一步增加，

确保企业在目标市场中的产品组合数量更多，满足不同需求层次消费人群的具体需要。其中，必须关注的焦点在于产品组合内部的单品之间，品质与价格应该保持相互统一，在此基础上增加产品的型号、规格、款式，进而形成更多具有创新性的产品组合。该策略最大的优点在于能够将企业现有资源和剩余生产能力利用起来，既有助于企业提高经济效益同时还能将目标市场中存在的经营风险进行分散，是有效降低企业市场营销战略实施过程不必要损失的明智之举，但是对企业自身的规模有着较高要求。

（二）精简产品组合的策略

精简产品组合的策略是将产品项目有针对性地进行精简，将市场获利微乎其微的产品项目从企业产品组合中删减，并排除在企业未来产品升级换代的范围之外，从而让获利较大的产品项目能够得到更大的升级换代空间，进而形成少而精的产品组合。该产品组合策略的优势非常明显，能够全面提高产品在目标市场中的核心竞争力，并且提高产品和品牌的市场知名度。除此之外，该产品组合的策略还能减少企业不必要的产品项目资金占用情况，让企业资金流转更为顺畅，产品生产成本能够得到有效的控制。

企业在进行产品策略的研究与探索中，对市场产品组合策略的制定必须提起高度重视。既要对企业自身和市场外部环境有着客观认知，还要在产品组合的原则上加以高度明确，最终找出适合企业发展现状和未来发展形式的产品组合策略，方可确保所推出的产品组合能够满足企业发展和目标市场消费人群的普遍需要。

第三节　产品差异化分析

产品差异化分析是企业衡量产品在目标市场所处位置，有效进行产品策略革新的重要抓手。所以，在产品策略内容研究中，笔者认为必须将产品差异化分析作为一项重要内容，并且须从探明产品引发消费者特殊偏好的因素、明确产品差异化的具体表现、制定产品差异化策略三个方面入手。

一、探明产品引发消费者特殊偏好的因素

人们生存于社会之中，不同的经历导致性格类型也各有不同，所以在兴趣爱好方面也存在明显差异，进而在产品需求上也有着不同的要求。随着时代发展步伐的不断加快，消费者的需求也在不断变化，明确引发消费者特殊偏好产生的因素是有效进行产品差异化分析不可缺少的一部分，也是产品策略内容研究的重要组成部分。

（一）在产品质量与设计方面

各个时代人们选择产品普遍关注的焦点中，质量与设计通常是两个重要方向。针对产品质量而言，主要考虑的是产品自身耐用性，工艺和材质成为人们选择产品必须考虑的基本因素。针对产品设计而言，外观是否具有艺术性、能否彰显出文化气息、工艺是否做到精雕细琢，自然成为在众多同类产品中能否脱颖而出的关键条件，如果答案是肯定的，那么必然会得到目标市场的广泛青睐，并成为扩展目标市场的有利条件，反之则不然。

（二）在产品信息共享方面

"信息对称"是企业市场营销战略效果保持最佳状态的必备条件，信息不对称就会导致企业设计、研发、生产出的产品很难跟上时代发展的步伐，使目标市场消费人群很难接受产品和品牌，最终严重影响产品购买的次数和品牌受众的广度与深度。基于此，在企业进行产品策略构建过程中，应结合信息共享方面的差异化进行深入分析，确保产品策略能够与时代发展的大趋势相一致。

（三）在产品销售行为方面

产品销售行为主要是指企业在产品销售过程中所采取的渠道和方式，销售行为的不同自然会使销售业绩出现明显的差距。在产品销售过程中，大多企业都会采用促销的方式，由此提高品牌关注度和产品销量。

（四）在同类产品生产企业的地位方面

同类产品在不同的地理位置会形成独有的特色，同类产品生产企业在进行产品设计、研发、生产过程中，必须考虑地理位置方面的因素，在让产品成本得到有效控制的同时，也更能彰显产品的特色。

二、明确产品差异化的具体表现

产品差异化是产品之间表现出不同特征的主要原因，而差异化会体现在优势的一面，也会体现在劣势的一面。所以，在进行产品差异化分析的过程中，必须探明其具体表现主要是什么。

（一）产品价格定位体现差异化特征

所谓价格定位差异化，就是在每类产品中，产品价格的档位不同，通常会呈现出高、中、低三个档位，每个档位的产品因为品质的不同，所以形成了价格定位上的差异。

（二）产品自身技术存在差异化特征

众所周知，技术层面的差异是影响产品市场销量的一项关键性条件，技术优势往往通过产品自身的技术差异特征来体现。

（三）产品自身功能存在差异化特征

产品功能的差异化是指在产品自身实用性不发生变化的前提下，由其他功能延伸出来，满足消费者不同的心理需求，进而让产品在目标市场中的核心竞争力能够得到全面提升。这也是在市场营销战略体系运行过程中，产品自身功能不断提升和赢得广阔市场发展空间的关键条件。

（四）产品自身文化存在差异化特征

时代发展车轮转动速度的不断加快，意味着社会文化的积淀不断增加，人们物质生活水平在不断提高的同时，精神层面的需求也随之不断提高，由此"文化"也成为产品设计与研发的主要视角，明确其文化的差异性特征，能够更有利于企业产品把握住目标市场，赢得更多消费者的青睐。

三、制定产品差异化策略

立足产品差异化的具体表现，有效进行产品差异化策略的制定必然会体现出产品自身特色，但不可否认的是需要考虑多方面因素。其中，研发策略、地理策略、促销策略、服务策略都应加以高度重视。

（一）研发策略

企业在产品设计与研发过程中，结合同类企业所设计研发的产品，将其造型、功能、款式加以改变或延伸，在吸引目标市场消费人群眼球的同时，也激发消费人群了体验新产品和购买新产品的欲望，最大限度地满足目标市场消费人群的需要。

（二）地理策略

从企业发展的角度讲，产品的生产地和销售地的选择是至关重要的一环，必须考虑交通是否便利、产品存储是否方便等多方面因素。所以，企业自身的地理位置的差异性会影响企业是否能真正做到有效控制成本，并将其用于品牌推广和产品推广之中。

（三）促销策略

促销活动是企业为增加产品销量，最大限度地进行品牌推广的营销策略之一，其普遍性和重要性不言而喻。其中，促销策略中要针对目标市场消费群体的普遍偏好和特殊偏好进行全面了解，特别是销售数量较少的产品，要立足其性能、质量、美观度、价值性等多方面来进行，最终通过产品包装样式的改变、促销宣传渠道的拓展、广告设计的更新，让目标市场消费人群能够建立起良好的产品印象和品牌形象。

（四）服务策略

所谓服务策略，是指企业在市场营销战略构建与运行过程中，立足"服务"二字进行品牌推广和产品销售的过程，用于满足目标市场消费人群在了解、体验、购买产品，以及品牌认知过程中的一切需要。

第四节 新产品的研发

企业能否将产品顺利推向市场，产品本身是否能够围绕目标市场的普遍需求，能否不断提升产品的创新性显然是核心所在。故此，新产品的研发工作也成为产品策略中的重要组成部分。其中，涉及的要素众多，下面笔者就通过图 3-3 将企业新产品研发的必然路径加以清晰呈现。

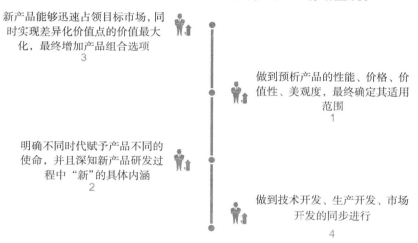

新产品能够迅速占领目标市场，同时实现差异化价值点的价值最大化，最终增加产品组合选项
3

做到预析产品的性能、价格、价值性、美观度，最终确定其适用范围
1

明确不同时代赋予产品不同的使命，并且深知新产品研发过程中"新"的具体内涵
2

做到技术开发、生产开发、市场开发的同步进行
4

图 3-3　企业新产品研发的必然路径

通过图 3-3 可以深刻体会企业在新产品研发道路中，只有先做到高度明确新产品研发的目的，深入分析研发出的新产品所适用的范围，随之将新产品中"新"的含义进行深入解读，由此才能确保企业研发出的新产品真正具有新意，吸引目标市场消费群体高度关注，最终才能转化为购买行为。

一、深挖新产品研发的目的

从完成某一项工程或任务的全过程出发，明确其目的是首要的，其原因在于目的为行动过程明确了要求，同时也指明了方向，让工程或任务的实施过程有一个基本的框架。为此,在新产品研发过程中,必须有明确的目的作为前提条件,并对其进行深入挖掘,以此确保新产品研发的成果能够为市场营销提供强大的推动力。

(一)迅速占领产品目标市场

在做好产品目标市场准确定位和产品差异化价值点的准确定位与分析的基础上,随之而来的就是要有针对性地进行新产品的研发,进而达到迅速占领目标市场的目的。针对这一目的,要从三个方面对该目的的成因进行深层次阐述,具体如下。

第一,新产品能够与目标市场形成无缝对接。笔者在"目标市场定位"观点的阐述过程中,已经将其内涵、作用、意义作出了明确的概述,着重说明目标市场作为将产品推向市场的"主攻方向",产品更加适合消费人群。因此,在进行新产品研发过程中,主要结合消费人群的消费心理特征,并且强调在实用性、美观度、功能性、价值性方面进行充分协调,同时真正做到产品价格能够被目标市场中的消费人群普遍接受,进而实现新产品研发的最终结果能够与目标市场形成无缝对接,这也势必形成迅速占领目标市场的局面。

第二,新产品研发思路能够紧密围绕公众切实需要。产品目标市场的准确定位,标志着产品未来发展之路要始终以消费者为中心,新产品的研发要紧紧围绕这一理念来进行。其中,在产品价格上,根据消费人群普遍能够接受的价格范围,以及产品材料、技术、工艺成本进行细微调整。除此之外,还要确保产品在外观、功能、质量以及内在价值方面,能够实现最大化,真正让目标市场范围内的公众需求能够得到最大限度的满足,这必然使迅速占领目标市场转为现实。

第三,新产品研发能够提升产品自身的品质。在新产品研发的道路中,研发人员必然将新技术、新材料、新工艺注入产品之中,让新产品不仅在原产品基础上实现升级换代,还让产品本身发生颠覆性的改变,确保所研发的新产品在消费人群接受范围内达到外形美观,使用过程操作简单并且耐损耗,在自身功能尽可能面向智能化的同时,具有一定的保值和收藏价值。这使产品自身的品质得到了全面提升，使迅速占领目标市场成为必然。

（二）差异化价值点的价值实现最大化

在前文中，笔者对差异化价值点的名词解释进行了具体概括，从中解读出差异化价值点的具体定义，并将其定位方法作出了明确的阐述。基于此，在新产品研发过程中，将产差化价值点的价值实现最大化，成为新产品研发的最终目的，也是企业更好地进行品牌推广的有力抓手，更是市场营销战略实现可持续和又好又快发展的根本动力。其中，该目的具体表现为以下两方面。

第一，在产品差异化中寻求优势。众所周知，当前市场中各类型的产品层出不穷，并且又细分出不同等级的同类产品，在实用性、美观性、功能性、价值性方面都会存在一定的差异，其目的是满足不同目标市场最为广泛的需求。但是，价格定位较高的产品显然有很多因素可以在低价位产品中存在，并不会影响产品本身的成本和质量，反之还会促进这两方面得到全面提升，这是新产品研发关注的重点，同时也是新产品自身的优势所在，能够更好地促进品牌和产品在目标市场中的全面推广。

第二，在产品优势中实现进一步升级和创新。在明确产品研发成果所呈现的优势的基础上，要进一步分析其优势，将更多新技术、新工艺、新材料应用的可行性进行深层次论证，确保研发出的新产品具有创新性和实用性，并且在功能性和美观性方面，也能颠覆目标市场中消费固有认知。

（三）增加产品组合的选项

众所周知，市场营销战略正在随着时代的发展不断进行升级，从以往市场营销战略的固有特点来看，产品的单一性逐渐消退，组合营销已经成为市场营销的主导，力求产品质量达到最佳的同时，也要在功能性上尽可能满足消费者的需求。对此，在新产品研发的目的中，增加产品组合的选项就成为又一重要目的所在。这一目的产生的主要原因包括以下两个方面。

第一，产品组合能够体现出高性价比的特点。在新产品研发过程中，最常规的操作在于根据目标市场消费者最普遍的需求，再结合现有同等价位的同类产品自身特点，发现产品质量、实用性、美观性、价值性方面存在的优势和可提升空间，进而研发出一款能够将其优势得以延续的产品。最大限度保证产品质量，并充分展示出产品的高性价比，将其与现有的同类别同价位产品相搭配，必然能够让产品组合的性价比达到更高，从而带动现有产品的市场推广。

第二，可以实现多种功能相兼容。从产品的品质出发，功能与成本之间存在相互制约的关系。在相同品质的前提下，功能越多通常价格越高，而在价格一定的前提下，功能越多往往质量越差，由此就导致单一产品在保证功能强大的同时，就不能保证质量和价格让消费者满意，保证质量和价格的同时，功能性会受到严重制约，所以产品自身的品质很难得到保证。基于此，新产品的研发自然会对以往在产品功能性方面存在的可提升之处，有针对性地进行弥补，让其与其他产品之间实现多种功能相兼容，进而满足消费者在产品功能方面提出的新要求，让新产品能够迅速占领目标市场。

二、明确新产品适用范围

产品是随着时代的发展而不断升级换代的，新产品旨在解决人们日常工作、学习、生活中的实际问题，满足不同消费人群的具体需要。但是，研发出的新产品并不能保证在目标市场范围内真正做到高度适合，所以必须进行适用范围的有效预估，以此才能实现研发出的新产品能够满足目标市场的切实需求。

（一）预析新产品的功能性与实用性

就当今时代人们关注产品的视角来看，功能性与实用性通常是人们重点关注的对象，具体表现则是通过简单快捷的操作帮助自己解决实际问题，这一部分消费者拥有较为理性的消费观念，所以在目标市场中所占人数比例相对较大。故而，在新产品研发工作开始之前，明确其适用范围必须将其功能性与实用性进行前瞻性分析。

第一，新产品功能性的预判。从目标市场角度分析，消费者普遍在产品的功能性方面有着更高的期盼，如果产品不能在功能性方面全面满足消费者的需求，那么就会导致产品在目标市场中的"热度"逐渐降低，最终会形成"彻底冷却"的局面，这也正是各领域中的各个企业不断进行新产品研发的根本原因。然而新产品能否在推向目标市场之后，改变"彻底冷却"的局面，就需要研发人员在研发工作正式实施之前，根据研发方案将新产品的功能性加以科学预判，让现产品的适用范围得到初步判定。

第二，新产品实用性的预析。从产品的品质层面出发，目标市场范围内关注产品实用性的人不占少数，更多的人将实用性作为选择产品的底线，而产品的美观性、价值性、功能性次之。为此，充分满足目标市场消费人群在产品实用性方面的需求，自然成为新产品研发的主要视角之一，同时将其作为判定新产品适用范围的主要参考因素。基于此，对其进行预见性分析极为必要。

（二）预析新产品的价格与美观度、价值性

产品的价格、美观度、价值性三个因素是引发消费人群关注新产品，为此，在进行产品研发工作中，有效判断新产品的适用范围过程中，预估新产品的价格与美观度、价值性自然不容忽视。

第一，新产品价格范围的科学预估。价格通常是产品进入目标市场后，消费者关注的第一视角就是产品本身的价格自己是否能接受，之后才会关注产品实用性和美观度，最终获得消费人群的认可程度，充分反映出新产品本身的适用人群是否定位准确。基于此，在进行新产品研发过程中，要结合所涉及的新技术、新材料、新工艺成本情况，以及利润空间的保留情况，对新研发产品的价格范围进行预估，力保新产品研发的可行因素更加客观、更加充足。

第二，新产品呈现的美观度研判。由于产品美观度作为加深目标市场消费者的内心印象，同时让消费者第一时间关注产品，激发其购买欲。因此，在进行新产品研发过程中，必须将研发过程中所能够呈现出的美观度进行科学研判，进而让新产品研发的可行性因素得到进一步完善。

第三，新产品价值性的有效预判。从当前各领域的目标市场来看，消费者关注产品自身是否有收藏价值或保值性的人数越来越多，也就是说这些消费者看中的不仅是产品当前的价格，以及呈现出的美观度，还关注产品在未来是否具有同等价值，或者是更好的价值。为此，这就需要产品研发人员在研发新产品的过程中，将产品自身的价值性进行有效预判，从而能够辨明研发出的新产品在目标市场中是否高度适用。

（三）高度确定新产品适用范围

上述两个观点是新产品研发道路中，有效确定适用范围的必要条件，而具体将其适用范围加以高度确定，还要经过三个流程，其间数据综合与分析则是重要的技术支撑，具体操作笔者在接下来的阐述中将逐一明确。

第一，依据目标市场消费者的具体消费心理，客观分析产品实用性与功能性升级的可行性。通过上文的观点阐述，可以看出在明确新产品适用范围过程中，必然会针对目标市场消费人群关于产品实用性和功能性的需求状况进行市场调研，明确目标市场范围内消费人群在这两个方面的需求程度，但是并不能准确判定实用性和功能性的升级幅度。故此，这就需要结合有关社会调研结果进行系统化的数据统计和分析，从中初步判定新产品在研发过程中的实用性与功能性升级幅度，确保新产品不仅在这两个方面充分体现出新意，还能让目标市场的消费者广泛接受。

第二，客观分析初定新产品价格、美观度、价值性的可行性。在进行新产品适用范围的社会调研活动中，将现有产品的价格、美观度、价值性三方面的具体需求进行全面的收集与整理，同样可以判定出目标市场关于这三个方面的需求程度，但依然不会在价格浮动方面，以及美观性和价值性升级幅度方面有着明确的体现，同样需要通过数据统计与分析，将新产品研发道路中这三个方面升级幅度的可行性进行判定，尽可能满足目标市场关于这三个方面的普遍需求。

第三，综合数据分析结果确定产品适用范围。在进行产品实用性、功能性、美观度、价值性的升级幅度可行性分析，以及初定价格的可行性分析基础上，随之要将其结果再次进行综合与分析，明确哪些消费者在上述三个方面可以接受怎样的幅度，以及在价格方面可以接受怎样的波动，进而确保新产品研发的过程与结果的理想化。

三、厘清新产品的定义

从产品本身的角度出发，并不存在新产品，而人们口中所说的新产品往往都是具有一定的时代背景，不同时代背景下产生的产品都可以称为新产品，在此之前出现的产品显然也不能称为旧产品，只能称为上一代产品。所以，在新产品研发的道路中，研发人员在深入挖掘新产品研发的目的，以及适用范围的基础上，随之要厘清新产品究竟指的是什么，只有这样研发的内容才能与目标市场的需求高度统一。

（一）深挖不同时代赋予产品的具体使命

第一，不同时代背景下产品理念层面所肩负的具体使命。产品在不同时代之所以被公众广泛认可，究其原因就是产品自身理念能够满足人们社会生存和发展的需要。对此，不同时代为人们生存和发展不断提出新的挑战，产品理念显然也会发生颠覆性的改变，所出现的产品自然也会呈现出创新性，而这也是对新产品最为直观的诠释。

第二，不同时代背景下产品技术层面所肩负的具体使命。产品所处时代背景不同必然会导致需要完成不同的历史任务。例如，我国经历了工业时代和信息时代两个历史发展阶段，在工业时代产品更倾向质量和实用性，为此我国也成为制造业大国，高质量产品批量化生产就是最真实的写照，也是该时代赋予产品的一项重要使命，产品的科技创新和技术创新并没有得到充分体现。进入信息时代之后，产品不仅要质量上乘，还要赋予产品更为强烈的科技感，突出产品自身的功能性，同时美观度和价值性也有所体现。随着近几年的发展，我国已经进入信息时代的高级阶段，智能化已经成为产品必须具备的特点，进而在技术层面也有了更高的要求，操作便捷、人性化的服务已经成为产品必须具备的特征之一。所以，在不同时代背景下，新产品在技术层面必须具备促进时代发展新使命的能力。

第三，不同时代背景下产品作用层面所肩负的具体使命。由于时代背景不同，造就了产品普遍存在的特征，而这些普遍特征蕴藏着产品本身必须发挥出的时代作用，而这也正是随着时代发展步伐不断加快，产品更新换代步伐随之不断加快的具体原因。例如，在2G网络时代下，手机的作用就是完成语音通话和文字信息的传递，所以移动通信设备都具有普遍的特征，如单色屏幕、按键键盘等。随着3G、4G、5G时代的到来，移动通信设备的作用变得多元化，故此普遍的特征就成为大屏幕、全触控、多摄像头等，与之前时代相比，在作用层面就已经可以将其划归为新产品之列。

（二）确定新产品研发中"新"的具体内涵

在新产品研发过程中，准确定义"新产品"的重要前提在于明确"新"的具体内涵，因为在不同时代背景下，公众对"新"的理解和要求明显不同，根据时代背景做到与消费群体审美视角、价值心理、实用需求保持高度一致，自然能够将新产品研发中"新"的内涵高度明确。

第一，与时代消费群体审美视角相一致。不同的时代背景赋予了人们不同的审美视角，这一观点不仅在文学领域得到了充分体现，还在产品方面得到有力的证实。例如，在未进入信息时代之前，人们在产品包装和造型方面并没有明确的要求，"中规中矩"成为人们审美的主要标准。随着时代的发展，具有创意性的产品逐渐进入人们的视野，人们对产品包装和外观的美观度也有了更高的要求，无论是在造型上，还是产品结构方面都有了新的要求，这些显然都对新产品研发提出了新的要求，也是新产品研发在新技术、新材料、新工艺选择与应用的具体方向所在，"新"的内涵也得到了深层次展现。

第二，与时代消费群体价值心理保持高度一致。所谓"价值心理"，其实质就是关注某一产品内在价值的视角。价值心理的不同则表示关注的视角不同，其视角往往是由时代发展大环境不断变化所决定的。因此，这也意味在新产品研发过程中，要对内在价值的表现形式进行相应的调整，确保在不同时代背景下，产品所体现的价值始终与公众关注视角相统一，进而让研发出的新产品别具新意。

第三，与时代公众实用需求高度一致。虽然时代发展的长河没有尽头，但在不同时代背景下，人们对产品的实用性有着不同程度的需求。为此，在产品策略研究过程中，新产品研发过程中，必须高度明确"新"的内涵，必须结合时代发展大背景，深度分析公众实用需求，进而让"新"的内涵能够得到深层次展现，这也为新产品研发指明了具体方向。

四、确定新产品研发工作的核心内容

笔者认为要从技术开发、生产开发、市场开发三个方面入手，以求新产品研发工作的核心内容更加系统化，实施过程更加流程化，研发效果更加趋于理想化，具体内容阐述如下。

（一）技术开发

人们常说："没有金刚钻不揽瓷器活"。虽然是一句古语但在不同时代发展中都高度适用。在不同时代新产品研发过程中，这句古语的适用性更是极高。"金刚钻"指的就是"技术"，技术层面是否过硬在新产品研发过程中自然起着决定性作用，所以必须将技术开发视为新产品研发的首要环节。

第一，概念设计与可行性分析。所谓概念设计，是指新产品设计与研发的初衷能够被目标市场消费者广泛接受，并引起强烈的共鸣。其间，要将概念创新的起源进行直白处理，同时要把概念的时代延续性加以充分论证，进而初步形成目标市场消费群体可以广泛接受的产品概念。在此之后，要通过市场调研的方式，把即将推出的新产品的概念传递给目标市场消费群体，了解并记录其第一反应和最终的理解情况，随后将调研数据进行数据统计与分析，得出新产品的概念设计可行性，为其设计与研发各环节的顺利进行打下坚实基础。

第二，功能设计与外观设计。从成功的新产品研发流程来看，产品自身功能的研发普遍被视为研发流程的关键部分，究其原因就是产品功能是产品帮助用户解决实际问题的能力，功能的完善性和人性化往往可以提高产品自身的品质。为此，在进行新产品研发的过程中，产品功能设计既要考虑操作的便捷性和解决实际问题的效果性，还要考虑功能的多样性，并将其进行可行性分析，获得的结果必将说明功能设计方案的科学性和合理性。另外，由于功能设计方案必然会对产品的外观产生一定的影响，所以就需要研发人员在进行外形设计过程中能够合理优化。

第三，技术设计。新产品的出现需要经过非常系统的流程，不仅需要在概念、功能、外观三个方面进行方案设计，并将其研发与生产中的可行性加以明确，还要针对产品本身技术层面进行科学的设计与分析，如在新材料的使用过程中，增加纳米技术的可行性等，确保新产品能够彰显较高的技术水平，以满足目标市场消费者在产品性能方面的迫切需求。

（二）生产开发

从新产品从无到有的过程来看，不仅是产品设计理念、设计方案、研发行动的从无到有，还是产品生产活动的从无到有，两者都起着至关重要的作用。所以，在进行新产品研发过程中，还要将生产阶段有利条件的全面开发放在重要位置，有利条件主要包括以下两个方面。

第一，工艺设计。新产品的研发往往要以实现产品批量生产为重要目的之一，生产工艺能否满足新产品研发所提出的新要求，必须成为研发人员重点思考的问题之一。对此，在产品工艺方面必须制定具有可行性的设计方案。其中，先要思考现有的生产工艺能否满足新产品生产和加工方面的要求，之后要考虑企业是否有可以达到产品工艺要求的设备，将其引进的可能性又是多少，最后则通过综合考虑进行新产品的工艺设计。在新产品研发中，不仅设计方案具有高度的创新性，同时设计思路也具有高度的理性化。

第二，生产能力增强。生产能力高低直接影响产品研发成果能否清晰呈现在消费者面前，能否目标市场广泛接受。对此，在新产品研发活动中，增强新产品的生产能力固然成为重点考虑的对象。既要包括场地设施方面的因素（如生产流水线等），还要包括新设备的引进与研发方面的因素，由此确保新产品研发并顺利推向目标市场。

（三）市场开发

在上文中笔者已经立足目标市场定位，将新产品研发中的市场开发环节进行了相关论述，但是并没有从"服务设计"方面进行明确阐述，而该环节恰恰是新产品研发工作的一项核心内容。

第一，服务理念要面向目标市场全部个体。随着时代发展步伐的不断加快，人们普遍意识到良好的服务能够推动事业的发展，故此，在各行各业的各个领域之中，都会将人性化服务理念作为推进事业发展步伐的重要组成部分，产品赢得市场可持续发展空间也不例外。基于此，在进行新产品研发的过程中，"面向目标市场全部个体"的服务理念成为市场开发阶段中服务设计工作的第一环，让产品服务能够成为新产品的一大亮点。

第二，服务内容要做到精细化。"服务内容"是指能够为目标市场提供哪些服务，将其尽量做到精细化自然是新产品服务更加贴心的具体表现。对此，新产品研发的市场开发阶段，不断将服务内容做到精细化处理显然也是新产品研发不可缺少的一部分。

第三，服务的途径要体现出多样化。随着时代发展大环境的不断变化，科技水平和信息技术水平正以迅猛之势快速发展，拉近了人与人、人与社会之间的距离，拓宽彼此相互了解的渠道。对此，在新产品研发道路中的市场开发阶段，服务途径多样化显然成为新产品研发必须关注的焦点，从而进一步突出新产品所具有的特色。

纵观本节所论述的观点，不难发现随着时代的发展，产品策略实施过程中的新产品研发环节是一项极为系统的工程，不仅要跟上时代发展的步伐，深入挖掘新产品研发的目的，还要高度明确新产品的适用范围，更要将不同时代赋予新产品研发的定义和实施过程的具体内容不断加以细化，由此，才能确保研发出的新产品真正满足目标市场的切实需要。

第五节　售后服务与信息反馈

产品售后服务的目的在于让客户更加依赖产品，信息反馈的目的则是不断优化产品设计、研发、生产的方案，提高产品服务质量。但是，在产品策略中，真正实现良好的售后服务与信息反馈是一项系统工程，各环节必须紧密联系，环环相扣，具体如图 3-4 所示。

售后服务的流程与内容

做到产品售后服务内容的高度细化，并且确保售后服务流程具有高度完善性

售后管理办法的高度创新

确立售后服务的类别，并且能够建立一套完整的售后服务管理体系

信息反馈的途径要保持多样化

线上与线下信息反馈途径要实现并存

有效进行反馈信息的处理和利用

明确反馈信息处理的过程，并确定反馈信息高效利用的措施

图 3-4　企业产品推广售后服务和信息反馈路径

通过图 3-4 所呈现出的相关路径，不难发现在企业进行产品策略研究过程中，有效开展产品推广的售后服务和信息反馈工作是一项极为系统的工程。不仅需要企业在售后服务的内容与流程上进行高度细化，还需要在信息反馈中的有效处理和有效利用方面加以高度重视。

一、售后服务内容与流程的高度完善

售后服务作为产品推向目标市场的一项附属品，其质量必然直接影响产品质量，所以在产品策略探索过程中，普遍将售后服务视为重要组成部分。在这里，笔者认为售后服务的内容和流程高度完善应是基本前提，行之有效的操作应体现在内容的高度细化和流程的高度完善两个方面，以下笔者就以此为立足点，对其进行具体论述。

（一）产品售后服务内容的细化

针对广大消费者和市场营销工作人员而言，对产品售后服务都不陌生，从各自的角度出发都能够明确其重要性。基于此，在进行产品策略研究过程中，开展高质量的售后服务显然是高度关注的焦点，而不断细化其售后服务的内容更是首要环节。

第一，最短时间内与客户进行货品质量检验。在客户选定令自己心仪的产品之后，要将包装完整的新品交付客户手中，并在客户的监督下开箱检验产品，让客户能够体会到产品销售过程中的严谨态度和规范性。与此同时，正面回答客户在产品开箱质量检验中产生的疑问，并且表述要通俗易懂，确保客户能够意识到该产品就是自己最理想的选择，让其对产品充满信心。

第二，及时进行产品功能调试并介绍使用方法。产品售后服务的本质就是客户与经销商或者零售商在完成产品交易之后，为其提供的帮助，让其能够第一时间了解产品的性能，顺利应用该产品解决实际问题。对此，及时进行产品调试，并演示操作方法、操作流程以及将注意事项全面告知用户，以此增强客户对产品的满意度，从而达到进一步提升售后服务质量的目的。

第三，向客户详细介绍产品售后三包内容。在将产品交付客户之后，随之要将售后三包的内容进行详细告知，同时帮助其进行深入理解，真正让客户理解包修、包退、包换的具体情况，让客户充分感受到产品销售之后企业自身的责任感，最终达到全面提升售后服务质量的目的。

（二）产品售后服务流程的高度完善

产品售后服务工作处于"后台"的位置，必然会有人看不到其复杂性，甚至偶尔还体现出一定的突然性。为此，在制定理想的产品策略过程中，针对售后服务环节而言，必须有一套完善的产品售后服务流程作为保障，下文笔者就立足三个方面对这一观点进行阐述。

第一，组建高质量的产品售后服务团队。售后服务工作自身的性质与其他服务行业之间存在明显的不同，其专业性较为突出，不仅要掌握相关心理学知识和技能，还要具有一定处理突发情况的能力，要进行不定期的专业培训，由此，方可确保各项售后服务流程顺利进行（如处理客户意见与投诉、退换货品、维修服务等）。

第二，制定特殊服务需求的应急机制。产品售后服务工作难免会出现突发情况，如客户紧急情况下无法脱身进行产品维修，需要进行上门维修，对此就需要售后服务机构能够灵活处理，第一时间为客户解决问题。这就需要有一套完善的应急机制作为支撑，其中必须包括维修人员的合理化临时抽组原则，以及应急维修设备的提供等，确保客户特殊服务需求能够得到第一时间满足，并且售后服务流程的完善度由此得到全面提高。

第三，要建立一套严谨的售后回访环节。售后回访是体现售后服务高度贴心的一种表现，所以在产品策略研究过程中，售后服务阶段的一般工作流程必须包括售后回访环节。其中，回访的内容既要有统一的话术，也要了解用户的真实感受，并详细解答和记录客户提出的疑问、意见、建议，实现售后回访环节高度流程化和严谨化。

二、售后服务管理办法的创新性

管理工作质量上乘是维持公共事务高效运行最为重要的保障条件，笔者在上文中已经明确产品售后服务作为产品策略内容中的重要组成部分，实现高质量的产品售后服务必须有高质量的售后服务管理办法作为保证，高质量往往能够诠释产品的创新性。

（一）明确产品售后服务类别

从影响产品售后服务质量的主要因素出发，售后服务类别的高度清晰化和系统化能够帮助客户和企业减少麻烦。具体而言，造成客户对产品产生不满意心理的原因，往往并不是产品质量未达到自己的预期目标，通常都是产品出现问题后不能第一时间得到解决，让消费者对产品的质量产生怀疑，这显然不利于产品在目标市场范围内的全面推广。故此，在产品策略研究过程中，高质量的售后服务应将明确产品售后服务类别放在首位。

第一，确立免费服务项目。相信产品目标市场中的消费人群在"免费服务"方面都不陌生，其指的就是在产品完成销售过程之后，随即进入免费保修阶段。该阶段具有时间限制，限制时间段内产品出现的任何问题都会进行免费保修。

第二，明确有偿服务项目。在通常情况下，产品售后服务中有偿服务和免费服务会让消费者产生误解，免费服务项目和有偿服务项目之间必然会存在一定的界线，所以界定不清晰会对产品售后服务质量造成一定的影响。在这里，笔者认为应该高度明确只要是超出免费服务期限的任何售后服务项目，都要适当收取合理费用。

第三，建立合同服务项目。所谓"合同服务项目"，就是以公司与客户签订的合同进行服务。其中，合同会将具体服务细则以及售后服务方与客户之间所要承担的责任进行详细说明，故而能够让产品售后服务更具规范性，让高质量售后服务真正落到实处。

（二）建立完整的产品售后管理体制

管理体制的不断优化是管理工作系统化开展的重要前提，是全面提高管理质量的有力抓手。针对产品策略研究中的售后服务与信息反馈工作的系统化开展而言，高质量的售后服务必然从管理办法的高度创新抓起，建立完整的产品售后服务体制必然成为重中之重，以下笔者就从两个方面对其作出明确阐述。

第一，保持产品售后服务机构的完整性。从以往的售后服务机构的工作范围来看，主要从事产品或商品的客户意见收集与整理，受理顾客投诉、协调产品退换货及零部件维修等业务。为此，在产品售后机构的构建中，应将产品特约服务商和维修商作为主要的服务机构，让产品的售后服务业务能够得到系统化开展，让全方位的售后服务内容运作过程可以拥有广阔的载体作为支撑。

第二，做到产品售后服务职位的完善性。在明确产品售后服务机构所涵盖的主体的基础上，随之要将其售后服务人员所从事的岗位进行不断细化，具体而言就是每项服务内容都能有专人负责，真正实现责任到人。针对客户意见收集与整理业务内容，设售后服务信息整理岗位。针对顾客投诉受理服务内容，设售后服务台工作岗位。针对协调产品退换货及零部件维修售后服务内容，设产品售后协调员工作岗位，并且明确各岗位的工作职责，力保售后服务工作能够实现综合性的管理，通过系统化管理过程来展现管理办法的创新性。

三、信息反馈的途径趋于多样化

信息反馈的作用就是要结合反馈的实际情况，针对当前的现状进行科学合理的调整，力保实施过程更加顺利，满足人们的切实需要。故此，在产品策略探索过程中，售后服务有效落实客户信息反馈工作必须作为一项重要任务，拓宽信息反馈途径更是关键中的关键，最理想的做法莫过于线上与线下相结合。

（一）线上信息反馈途径

"线上活动"作为当今时代公众参与社会活动的主要方式，参与过程更加方便快捷，往往能达到预期目标。基于此，在产品策略的探索过程中，有效的产品信息反馈方式也要将线上信息反馈作为明智之选，与线下信息反馈形成优势互补，从而为企业有效进行产品设计、研发、生产提供更多的可行性因素。

第一，利用现代网络技术来打通信息反馈渠道的"最后一公里"。就当前社会发展的大环境来看，人们了解各个领域的相关信息已经不再停留于"纸媒"平台，更多的新媒体平台成为公众的选择，其中最为广泛的仍然是网络信息平台。为此，借助网络信息技术提升产品信息反馈质量是当今产品策略探索中的重要之举，其既可以在企业官方网站中设立"产品意见箱"，也可以通过网络问卷调查的方式，主动进行线上信息反馈的集中收集，以此来扩大产品信息反馈的覆盖范围。

第二，反馈的信息实现类型"兼容并包"。产品的信息反馈往往体现于用户在使用产品后的一些想法或看法，这些显然是产品本身的提升空间所在。但单纯通过文字表述的形式来呈现，不能将其想法和看法更加生动地呈现。为此，在打造线上信息反馈途径的过程中，还要注重信息呈现方式的多样化，如在官网客户意见箱中，开通可上传用户产品体验微视频的功能，让用户将体验产品过程中的困惑更加直观地展现出来，这样所反馈的信息更加具有直观性和说服力。同时，企业在产品升级换代过程中，可为有效调整其设计、研发、生产方案提供参考。

（二）线下信息反馈途径

从目前产品售后服务的信息反馈形式来看，线下信息反馈仍是主要选择之一，其发挥的作用依然无法替代。原因就在于线下信息反馈的途径具有多样化特点，并且面对面沟通的途径会更有利于将反馈信息传递给商家，所以更能体现产品售后服务环节的价值，同时也能为产品升级和服务升级提供有力保障。

第一，电话反馈。电话反馈往往是企业主动开展产品售后信息收集工作，引领消费者全面进行售后质量反馈的有效途径之一。其中，电话反馈的内容主要体现在产品满意度、产品售后维护、售后服务态度等方面。与此同时，还要将其反馈的信息进行全面整理与归纳，为提升产品质量和售后服务质量指明方向。

第二，服务台反馈。服务台的作用不仅局限于为有消费意愿的人提供引导，以及对其提出的问题进行答疑解惑，更有现场接纳客户售后服务意见与建议的作用。客服工作人员会将其提供的售后服务建议进行现场记录，并将其进行整理归档，产品质量和售后服务质量客观呈现出来，具体改进方向也随之得到明确。

第三，建议栏反馈。从当前经销商和零售商的产品售后服务的意见反馈路径构建与实施情况来看，在收集产品质量意见反馈信息的有效方法中，设置线下建议栏是较为理想的途径之一。

四、信息反馈的处理与利用效率进一步提升

从产品从无到有再到全面推向目标市场的全过程出发，真正做到满足消费者，乃至社会公众的切实需要并非易事，需要通过信息反馈的形式进行全方位了解。在此过程中，高效率的信息处理和利用自然成为必要环节。

（一）产品信息反馈的处理过程

由于产品信息反馈的处理工作是保障其高效率运行的关键环节，所以在该环节必须要有一套规范流程作为支撑。接下来就从信息整理与存储、反馈、统计、分析三个方面入手，将规范性的操作流程加以明确。

第一，结合信息所属范围和类型的不同进行全面整理与存储。通过上文中的观点阐述，可以看出信息反馈途径的多样化将推动信息涉及范围不断扩大，同时信息的体现形式也会呈现出多样化特征。故而，为了方便进行有效的统计与分析，信息处理环节必须依照所属范围和类型特点，将其进行全面整理与存储，为信息统计与分析结果的高度准确提供有力保障。

第二，将反馈信息通过数据统计软件进行统计与分析。反馈信息的整理与存储的目的在于能最大限度地发挥其作用，所以将信息加以数字化处理和分析就成为对其有效利用的根本条件之一。

第三，通过分析结果明确产品自身的优势与可提升空间。在数据统计与分析获得最终的结果之后，要根据数据所反映出的现状，明确产品在质量和服务方面存在的优势，同时深入挖掘产品在设计、研发、生产、销售环节中的提升空间，助力产品信息反馈的作用实现最大化。

（二）产品信息反馈的高效利用

产品信息反馈的高效利用是企业全面提升产品自身品质的重要"法宝"，也是全面贯彻和落实"以市场需求为中心""以客户需求为导向"产品理念的重要依托。故而，在产品策略研究过程中，各个阶段实现对产品信息反馈的高效利用就成为重点关注对象，实施过程中的有效操作应包括以下的四个方面。

第一，在产品设计端的高效利用。产品设计只是产品研发与改进过程中的具体思路，设计方案是否合理要根据客户在体验过程中的具体需求，以及公众在相关产品方面的具体需要。所以，高效利用所反馈的信息主要从意见和建议入手，之后再考虑材料、技术、工艺能否满足消费群体需求，由此，方可确保设计思路和设计方案始终能面向客户和公众。

第二，在产品研发端的高效利用。产品研发过程主要根据产品定位、设计思路、设计方案，以及客户所提出的具体意见、建议、可获得的条件，通过新技术、新材料、新工艺将设计方案在产品中体现出来，形成能够满足公众和客户需要的产品样本，由此，让产品与目标市场之间始终保持无缝对接，在确保产品本身品质与服务上乘的同时，为企业市场营销和产品推广的可持续化提供保证。

第三，在产品生产端的高效利用。生产阶段的一系列操作势必会直接关乎产品质量，如果生产工艺不能满足公众和客户的要求，势必造成产品体验感理想度的降低。所以，在产品生产端要立足公众和客户关于产品质感、材料所提出的具体要求或建议，有针对性地处理生产工艺和生产材料，以保产品质量在满足目标市场和社会公众需求的同时，为市场营销各环节的顺利进行提供强有力的支撑。

第四，在产品销售端的高效利用。在产品策略中，信息反馈的作用效果通常在销售端的表现极为明显。人们常说"销售是一门学问"，而学问本身就是销售端能否站在客户和公众的视角进行思考，这样才能为其提供想要的产品。故此，产品信息反馈中的具体意见和建议恰恰能够避免营销活动的有关问题，以此提高产品销售的成功率，产品市场占有率必然会随之提高。

综合本章各节阐述的观点可以看出，在不同时代发展的大环境和大背景下，产品策略的内容都体现出了"系统性"，具体原因主要体现在各个时代将产品推向市场都要经过一套完整的流程，即有效的产品定位→探索多种组合谋略→有效进行产品差异化分析→有效实施新产品研发→全面开展售后服务→收集售后服务反馈信息。但是，在不同时代背景下，流程中关注的视角却存在明显不同，特别是在新经济背景下，关注视角更加全面，能够助力市场营销战略等级的全面提升，以及产品策略的高度完善。

第四章
基于"新经济"的产品策略
创新的视角分析

第一节　产品定位的客观性

产品定位是客观认知产品市场取向最有力的手段所在，也是确保企业产品能够得到公众广泛认可的必经之路。基于此，在新经济背景下，产品策略创新的主要视角中，必须将客观的产品定位放在首要位置。在图4-1中，将企业客观进行产品定位需要关注的新视角进行概括。

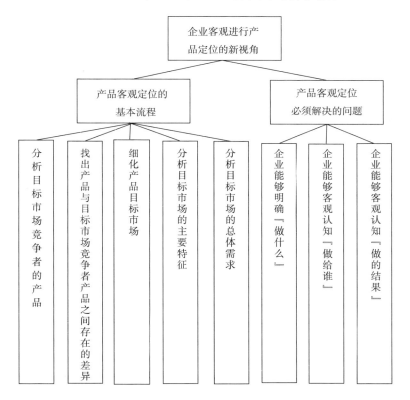

图4-1　新经济背景下企业客观进行产品定位的新视角概括

从图4-1中可以看出，在新经济背景下企业进行有效的产品定位需要关注的视角包括两个方面，而每个方面中都有明确相关的要素，要素体现出的价值更要做到高度明确。在本图中笔者只将具体的要素进行明确体现，要素本身所发挥的作用并未能具体展现。

一、新经济背景下产品客观定位的基本流程

在企业构建产品策略的过程中，客观的产品定位之所以作为首要环节，其根本原因在于高度明确产品的目标市场，全力保证产品顺利进入市场。新经济背景下的企业产品策略的创新更是离不开产品客观定位。确保客观定位的顺利进行并使其结果高度准确就必须有一套完善的流程作为支撑。

（一）明确产品的定位

从产品销售的角度出发，"销量遥遥领先"通常是行业内部企业产品销量总数的对比，企业当前销量与之前销量进行对比并不具有客观说明的作用，不能完全说明产品在同类产品市场中所占据的地位。对此，在新经济背景下的策略创新中，企业先要结合目标市场所存在的竞争企业，将其产品的质量和销量进行深入分析，客观反映产品所具有的优势和劣势，这不仅有利于明确产品的定位，还有助于产品自身在品质层面的全面提升，让产品定位能够拥有较为理想的起点。

（二）找出产品与目标市场竞争产品之间存在的差异

明确产品与其他产品之间的差异，是企业在进行产品策略创新中，找出自身产品优势，发现自身产品不足的必要条件。其中，产品本身所具备的优势往往能够适应新经济发展的需要，并在一定程度上跟上新经济时代发展的步伐。相反，若不能适应市场发展的大环境和大趋势，会存在随时被目标市场淘汰的风险。为此，在新经济背景下进行客观的产品定位过程中，更要强调企业自身产品与目标市场竞争者产品之间存在的具体差异，既要包括正面差异性，也要包括负面差异性，从而列出详细的销售产品组合，以供细化产品目标市场、进行客观产品定位所用。

（三）细化产品目标市场

产品不能盲目进入市场，必须结合市场的总体情况作出系统分析，找

到产品所适合的目标人群，通常这些目标人群所构成的就是目标市场。要对广大消费者关于本产品的总体需求情况进行详细了解，结合企业产品在质量、功能、外观、价值等方面的现实状况，找出与之匹配的消费者，而这就是企业在未来发展道路中，产品所要推向的目标市场，也是企业品牌发展所要依赖的市场。

（四）分析目标市场的主要特征

企业根据市场调研结果细分出的目标市场必然具有明显特征，这些特征会与企业所设计、研发、生产出的产品具有高度的匹配性。对此，在确定企业产品与目标市场是否高度匹配的过程中，需要将目标市场的具体特征作出系统性的分析。针对新经济时代背景下的企业目标市场主要特征分析，笔者认为应该从目标市场的需求入手，表达方式要简明扼要。

（五）分析目标市场的总体需求

目标市场最终的确定并不代表企业所设计、研发、生产出的产品，以及所推广的品牌就能够顺利进入目标市场。做到产品与品牌能够和目标市场中的消费人群总体需求高度匹配，显然是至关重要的一环。在此过程中，既要了解新经济背景下目标市场消费人群的心理取向发生了怎样的变化，又要了解消费观念与之前相比有哪些不同，关于产品的需求发生了怎样的变化，进而将产品与目标市场的整体需求相结合，才能让产品在目标市场中更具有竞争力。

二、新经济背景下产品客观定位必须解决的问题

所谓"新经济"，其实质就是以社会为主导的不同产业形态。从定义中不难发现，产业形态与以往不同，是以社会需求为主导，以满足目标市场的基本需要为初衷。由此可见，在新经济背景下必须明确产品定位，并为之提供与之相适应的产品和服务，这也是在该背景下产品客观定位所需要解决的实际问题，也是企业谋求可持续发展必须解决的问题，由此，才能确保企业的可持续发展。

（一）企业能够明确"做什么"

就企业而言，市场营销战略体系的构建显然要将产品的销售作为重要组成部分，这也是最终的结果体现。但是，怎样才能将产品推向目标市场，是市场营销战略实施过程中，产品策略研究所关注的焦点，特别是在新经济背景下，企业必须将该问题加以高度明确。在这里，企业具体应该"做什么"就成为问题的中心，具体思考应从以下两方面展开。

第一，针对现有产品进行综合性的描述。目标市场永远是企业产品推广的具体对象，也是企业实现利益最大化的重要载体。古语有言："水能载舟，亦能覆舟"，就是要以最广泛的需求为出发点，以全面满足其需求为根本目标，由此，才能实现发展的可持续化。针对产品定位，必须先让目标市场中的消费者广泛了解产品，企业要将其进行综合性的描述，确保让消费群体能够广泛认识到产品的价值所在，能够帮助自己解决怎样的问题。

第二，通过对比和排除的方法有效进行产品定位。在向目标市场消费人群有效传播产品信息，确保消费者准确认知产品的基础上，要了解消费者对产品的第一印象，之后与竞争者所提供的产品进行相关对比，排除存在的共性特征，并初步做出产品定位，进而解决新经济背景下企业产品定位中具体"做什么"的问题。

（二）企业能够客观认知"做给谁"

企业进行产品定位的目的就是要将最好的产品和服务推广给最适宜的目标市场，目标市场中消费者的接受程度无疑是产品和服务自身价值的最终体现。基于此，在新经济背景下，企业进行产品客观定位的过程中，必须深刻意识到产品或服务究竟"做给谁"，让消费者能够自主地接受所提供的产品和服务。

企业先要设定目标客户，同时提供配套服务。企业要根据设计人员自身最真实的想法和设计理念，初步确定产品和服务的对象，随之要对初步确定的目标用户消费心理的特征和具体需求进行分析，从而初步明确产品定位。之后，企业市场调研人员要围绕初步确定的消费者进行产品和服务推广，随后全面收集并整理产品与服务的体验感受，并将其进行深入的统计与分析，进而明确产品和服务能否适合这部分人群，在得出最终的分析结果后，要将其消费心理特征和需要加以高度明确，从而进行有效的产品定位，将产品定位"做给谁"的问题予以有效解决。

（三）企业能够客观认知"做的结果"

在市场营销战略中，产品定位的最终环节就是要明确"做的结果"，这也是市场营销战略最终结果的重要说明。明确"做的结果"固然也是"做什么"和"做给谁"两个问题的最终诠释。针对这一问题，笔者认为具体解决应包括两方面。

第一，确定产品在当今时代背景下目标市场中的竞争者。目标市场的确定是市场营销战略的关键环节，也是企业将产品进行准确定位不可缺少的一环，明确消费者的需求，自然是企业产品定位的科学依据。其中，目标市场中的竞争者的产品和销售策略都是为了赢得消费者，因此，确定目标市场中的竞争者就成为产品定位的首要环节，这也是做到知己知彼的前提条件。

第二，通过竞争者的具体做法明确其可行性和不足。在明确目标市场内竞争对象的基础上，将产品的特征和现状进行对比，明确其优势和劣势，并结合时代发展的大环境和大形势，吸取经验和教训，进而制定相关计划。

在有效进行产品定位及进行新产品定位的过程中，需要关注的对象众多，不仅要将其流程进行系统化处理，还要明确产品定位是解决哪些问题和怎样解决问题，由此，才能确保产品能够顺利进入目标市场，同时达到有效拓展目标市场的目的，为市场营销战略体系的科学构建与顺利运行夯实基础。

第二节　消费者需求的满足

充分满足消费者不同需求是新经济时代背景下企业市场营销战略实施关注的重点，虽然已经不再是焦点，但企业市场营销部门始终处于不断研究与探索的阶段。在这里，笔者认为应该将满足消费者的需求加以高度明确，方能将其转化为现实。下面笔者在图4-2中对消费者需求的类别和相关原则作出最直观的表述。

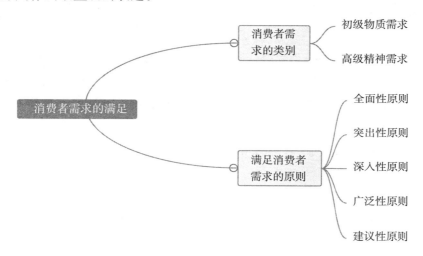

图4-2　新经济背景下消费者需求的类别和需求的原则

如图4-2所示，在新经济背景下，企业在进行产品设计、研发、销售、推广、服务的过程中，要针对目标市场消费者需求的不同，有效制定相关的产品策略，进而才能确保产品真正被广大消费者所接受，同时让消费者能够逐渐关注产品所属品牌，并形成品牌依赖感。但是如何将目标市场中的消费群体进行有效分类，并且怎样才能满足其需求还需要不断深入地研究与探索。

一、新经济背景下消费者需求的类别

从时代发展的角度出发，人们关于品牌和产品的需求具有一定时代性特征，在进入信息时代之前，人们更加倾向于产品的实用性。随着时代的发展，人们最基本的物质生活需求能够得到满足，所以在产品的需求方面，主要表现在美观性、价值性、功能性三个方面。就新经济时代而言，消费者需求更是可以将其作为分类依据，具体如下。

（一）初级的物质需求

从新经济时代消费者物质层面的需求角度出发，产品的实用性往往是初级物质需求的重要象征。具体而言，就是消费者普遍期望能够通过某个产品来解决实际问题，过于突出产品的美观性和价值性通常会被认定为"华而不实"，进而追求实用性的消费心理就成为初级的物质需求心理，也是理性消费的代表。

（二）高级的精神需求

随着时代发展与社会进步的速度不断加快，在产品和服务的需求上，不仅要突出产品的实用性，还在产品美观性、功能性、价值性方面有着更高的渴望，进而形成了以满足自身精神需求的消费冲动。

二、新经济背景下满足消费者需求的原则

企业的发展历程无疑是品牌和产品受众范围不断扩大，依赖性普遍提高的过程，在新经济背景下更是如此。其中，满足目标市场普遍的需求自然成为企业市场营销的基本要务，要想准确将其需求进行定义，必须有一整套明确的原则作支撑。具体而言，主要包括以下五项基本原则。

（一）全面性原则

就被企业划归于客户范畴的消费者而言，企业在谋求可持续发展的道路中都必须客观定义其需求，让其在工作、学习、生活中的各种需求，以及需求强度能够得到发掘，从而客观了解其对企业产品的满意度和需求程

度。这样做的目的在于客户能够知晓企业在产品设计、生产、研发过程中，真正为自己的实际需求考虑，一心只想满足自己的需要，让心仪的产品完整地呈现在自己面前。与此同时，还能与自己日常习惯高度统一，这样的市场营销战略视角更符合消费者的日常消费心理，树立企业良好的品牌和产品形象，使自己的需要得到更加充分地得到满足。

（二）突出性原则

在新经济背景之下，企业在市场营销各个战略节点中都要深知第一要务是推广企业品牌，突出自己的优势销售企业的产品，切实满足消费者的需求，进而将消费者以最快的速度转化为自己的客户。故而，在市场营销活动中，时刻将产品与消费者的需要相结合，通过需要的满足过程不断完善产品，形成固有的品牌优势。这显然能够在无形中定义消费者的切实需要，并且让消费者在了解、接受、体验产品的过程中接受品牌，并提高其对产品和品牌的忠诚度。

（三）深入性原则

结合企业市场营销过程的实质，就是深入挖掘目标市场，并扩大企业品牌和产品的推广范围，尽可能让消费者转化为目标客户。这也意味着与消费人群中的每个个体都要进行深度沟通，明确之前在使用同类产品过程中所产生的不满，哪些方面非常满意，自己认为产品本身存在的局限是什么，今后期望怎样的产品出现。这样企业才能客观定义消费者的切实需求，并且成为企业在产品设计、研发、推广过程中的重要依据。这无疑是深入性原则在新经济背景下满足消费者需要的具体表现。

（四）广泛性原则

该原则的内涵十分明显，不是针对某个特定对象，或某部分特定群体定义其需求，而是市场销售人员通过与目标市场范围内的所有消费者进行广泛沟通与交流，深入了解目标市场的需求状况，并结合对比分析的方法，有针对性地进行说服并提供可行建议。这一过程显然体现了满足消费者需求的广泛性原则。

（五）建议性原则

在企业市场营销战略体系的构建与运行过程中，一切出发点、方案、措施的制定与实施都是围绕消费者进行的，目的就是尽可能多地让消费者成为企业的客户。但是，必须明确的一点是客户永远不是企业的下级，不能以命令的方式让消费者提供或接受信息。因此，在进行消费者需求的定义过程中，要让消费者认同需求定义的结果，并且以建议的方式引导消费者说出具体差异，这样企业才能更好地了解消费者需求。

企业市场营销战略与产品策略的实施过程中，都要将满足消费者的切实需求放在第一位。

第三节　核心利益与服务的最大化

在新经济时代背景下，"核心利益最大化"和"产品服务质量最大化"显然是企业产品策略研究中关注的焦点所在。其原因非常简单，核心利益直接关乎企业在发展道路中能否拥有强大的资源基础，产品服务质量则是企业维持永续发展的根本保障。因此，在该时代背景下，企业产品策略创新道路中，必须将上述两方面作为主要视角。其中，这两方面还包括诸多因素，笔者通过图4-3将其加以初步明确的基础上，再进行有针对性地分析，具体如下。

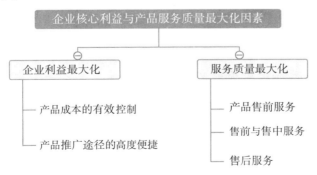

图4-3　核心利益与产品服务质量最大化因素

结合笔者在图 4-3 中所呈现的信息，可以帮助广大学者和相关从业人员深刻体会到企业在产品策略创新过程中，考虑核心利益和服务质量最大化必须关注的新重点，而每个新重点所蕴含的意义和价值显然不能通过图来展现。为此，在本节的观点阐述中，笔者就立足上图所呈现的因素进行解读。

一、企业利益最大化

利益最大化显然是企业在产品设计、研发、生产、推广、服务阶段共同努力的目标，也是企业最终达到又好又快发展的直接动力。其中，有着非常重要的前提，即产品质量要不断提高、产品生产必须保持高效率、产品推广与销售的途径要保持多样化。在新经济时代背景下，企业产品策略探索与构建过程中，企业利益实现最大化显然也要将上述观点视为关键因素。

（一）产品成本的有效控制

成本无疑是企业在市场经济发展中应关注的焦点，成本控制自然成为企业市场发展的生命线。但成本控制并不是无节制、无原则、无合理性，相反要将其视为重中之重，只有这样才能确保企业始终处于可持续发展的状态。在新经济时代背景下，企业谋求可持续发展的过程中，自然要将科学的成本控制放在第一位，最终才能实现企业利益的最大化。在此期间，不仅要在产品设计与研发阶段找到新技术应用的可行性，还要在产品生产与销售阶段，找到"绿色""环保""科技"相兼容的方案，由此，方可保证产品设计成本、研发成本、生产成本、销售成本得到有效地控制。

（二）产品推广途径的高度便捷

产品推广作为企业获得市场利润必要手段，在做到推广方式最为直接和便捷的同时，力求推广途径的多样化显然是关键中的关键，也是企业通过产品获得最大利益的根本。就此，在新经济背景下的产品策略创新中，应将产品推广途径的高度便捷放在首位，以此来实现企业利益最大化。最为有效的方法就是企业拓展网络销售平台，尽可能地实现平台全覆盖，由此，不仅能够有效控制产品销售成本，还能实现产品推广范围最大化，最终达到企业有效拓展目标市场的目的。

二、服务质量最大化

从企业长远发展角度来看，保障性条件自然是不可缺少的部分，其充分程度越高则意味着保障作用越强大，反之则不然。其中，"服务"自然是企业在目标市场中维持长远发展，并最终实现又好又快发展的重要保障。因此，在新经济时代背景下的企业产品策略创新道路中，服务质量的最大化成为重点思考的方向。

（一）售前与售中服务

售前与售中服务可以引导目标市场消费群体产生购买行为，也是品牌推广的重要环节。其中，服务的宗旨主要体现在"以人为本"，将目标市场消费人群的消费心理转化为消费行为的切实需要，突出服务与市场营销理念的高度统一。服务的内容包括帮助消费群体了解品牌、引导消费者了解产品和体验产品、表明产品使用过程中能够提供的免费服务、突出品牌和产品的自身价值等，在最大限度上彰显产品服务质量的同时，为企业利益最大化提供强有力的保障。

（二）售后服务

产品售后服务质量是体现企业品牌自身责任感的直观表现，也是企业迅速拓展目标市场的途径之一，还是企业寻求核心利益最大化道路中必须坚守的底线。在新经济时代背景下，产品售后服务必须高度坚持"以客户为本"的理念，无论是在服务内容上，还是在服务的途径上，都要满足客户的需求，由此，确保客户在产品和品牌上形成依赖感，最终为企业新产品的设计、研发、生产、销售提供强有力的保障。

第五章
基于"新经济"的市场营销
战略的构建路径研究

在之前的章节中，笔者之所以对以往企业市场营销战略构建的基本侧重点，以及具体实施路径作出了明确的阐述，其目的就是让在新经济背景下市场营销战略的构建路径拥有更为系统的基础性条件、充足的理论经验和实践经验作为支撑。在本章的观点阐述中，笔者立足这些成功经验，在图 5-1 中将新经济背景下市场营销战略构建路径进行系统性地阐述。

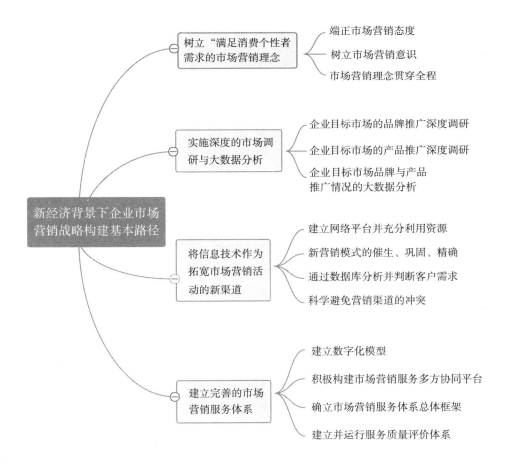

图 5-1　新经济背景下企业市场营销战略构建基本路径

图 5-1 可以称为企业在新经济背景下进行市场营销战略构建的精髓，

其所包含的四个方面环环相扣，每个方面中所涉及的要素都必不可少，要素本身的作用、意义、价值都非常明显，值得不断进行深入的挖掘与探索。基于此，笔者在本章的观点阐述中，就紧紧围绕图中的每个方面，希望能够为广大学者和相关从业人员的研究与实践工作带来一定帮助。

第一节　树立"满足消费者个性需求"的市场营销理念

市场营销理念能否与时代发展大背景相统一直接关乎战略的合理性，新经济背景下的企业市场营销战略路径的构建过程亦是如此，在实践过程中必须将其放在首要位置。本节笔者就围绕树立"满足消费者个性需求"的市场营销理念的实践操作作出相关论述，并将其细化为以下三方面。

一、端正市场营销态度

正所谓"态度决定一切"，在任何时代背景下，企业市场营销都必须有明确而又端正的态度，这无疑是企业市场营销战略始终能够高效运行的前提条件。在新经济背景下的企业市场营销战略构建与实施过程中更是如此，必须以端正的态度作为支撑，只有这样才能树立与时代相统一的市场营销战略理念。

（一）关注的焦点要准确且高度聚焦

新经济背景下企业市场营销战略水平的全面提高，最直接的表现就是企业可持续发展的动力得到进一步增强，其动力来源就是消费者的需求能够尽可能得到满足，由此企业在品牌推广和产品设计、研发、生产、销售环节始终拥有可持续拓展空间。在这里，以目标市场消费人群作整体，企业在关注市场的同时，关注的焦点要落在消费者需求上，进而才能不断提高品牌和产品在各种渠道中的关注度。

（二）接纳市场整体需求的同时更要接纳特殊需求

接纳新事物显然是个体面对时代发展大环境时的良好态度的体现，新经济时代背景下的企业市场营销战略构建与运行过程中，良好的态度源于接纳目标市场个体出现的独特想法、传递的独特观点、呈现出的独特需求。

二、树立市场营销意识

一套完整的市场营销战略的形成过程需要经历多个阶段，并非单纯从实践层面不断进行深入探索就能实现。针对市场营销战略的构建路径，战略准备阶段至关重要，树立"满足消费者个性需求"的市场营销理念固然是基础所在，如果说端正市场营销态度是基础中的基础，那么建立与时代发展大背景相统一的市场营销意识就是重中之重，是企业在目标市场赢得广阔发展空间所必须具备的素质，笔者通过以下两方面予以说明。

（一）关注消费者的总体需求应放在首要位置

目标市场作为企业品牌与产品推广的主要目标选择，消费群体通常都是通过企业推广的产品去了解品牌、认识品牌、依赖品牌，因此，也会向企业反馈各种建议与意见。其中，不乏具有整体性特征的意见与建议，是企业实现品牌市场和产品市场最大化的有力依据，将其意见与建议加以高度关注，从而确保企业满足目标市场消费者的整体需求，让企业市场营销战略始终处于最优并拥有强大的支撑条件。

（二）关注消费者特殊需求应作为重要补充

在新经济背景下，企业市场营销战略的制定与落实，关注目标市场消费人群整体需要显然具有一定的片面性。全面关注消费人群必然包括有特殊需求的消费者，其反馈的意见与建议无疑具有一定的代表性，同时关于产品和品牌的需求也会具有一定的特殊性。关注意见与建议必然会促进企业品牌与产品的发展，市场营销战略与时代发展的大背景也会保持高度统一。

三、市场营销理念贯穿全程

端正市场营销的态度和构建与时代发展大背景相统一的市场营销战略，目的在于能够使该市场营销理念在新经济背景下的企业市场营销实践中应用，如何将该理念贯穿企业市场营销活动全过程则是至关重要的一环，也是该理念在市场营销战略构建与实施中充分体现其作用和价值的关键所在。下文笔者就立足市场营销战略构建与实施的准备阶段，以及具体落实阶段的操作明确阐述。

（一）在市场营销战略构建与实施的准备阶段有效贯彻该理念

在新经济背景下，市场营销战略的准备阶段包括三项基本内容：一是根据市场发展特征细分市场；二是结合企业当下乃至未来发展确立目标市场；三是明确目标市场企业竞争优势。在进行详细划分市场的过程中，结合广大消费者消费心理和消费习惯的形成规律，将其进行市场类型的详细划分，了解消费者普遍需求和特殊需求。在明确目标市场竞争优势的过程中，主要将品牌和产品所体现出的人性化进行对比，从中找出企业市场营销战略的竞争优势所在。

（二）在市场营销战略构建与实施的过程有效贯彻该理念

在新经济时代背景下，在营销组合和产品组合的构建与实施过程中，无论是在品牌推广方面，还是在产品推广方面，都应考虑品质的重要性。其中，不仅要在产品价格上作出准确定位，还要进行客观的品牌定位，确保产品自身的价格、功能性、实用性、美观性、价值性能够维持高度平衡的状态，并且通过多种促销手段进行产品销售，让"高性价比"成为品牌自身的优势所在。在此期间，无论是在营销组合方面，还是在产品组合方面，都以"满足消费者个性需求"为前提，企业自身的市场发展前景也由此得到充分的保证。

第二节　实施深度的市场调研与大数据分析

通常在评价企业市场营销战略水平的过程中，将企业目标市场的品牌影响力和产品市场占有率等多方面作为重要评价指标，从中能够客观体现企业市场营销的总体状态，并为未来有效进行战略优化和战略调整提供有力的指导。对此，在新经济背景下企业市场营销战略构建过程中，实施深度的市场调研与大数据分析成为至关重要的一环，也是企业纵横市场必不可少的前提条件。

一、企业目标市场品牌推广的深度调研

从企业在新经济背景下实现又好又快发展目标的必然条件出发，品牌战略必然发挥至关重要的作用，关乎企业当下乃至未来发展的成与败。为此，在该时代背景下的企业市场营销战略体系的构建中，必须将企业目标市场品牌推广的深度调研作为重要一环。

（一）品牌知晓度市场调研

就企业发展的宏观角度而言，品牌是否有特色这一问题通常在目标市场消费者中的知晓程度中就能得到反映，也是企业市场营销战略成果的客观表达。科学合理的市场营销战略运行作为全面提高企业可持续发展的重要保证，在市场营销战略体系构建过程中，必须广泛了解企业品牌在目标市场中的知晓度，市场调研活动可通过访谈和实地观察两种方法进行，并将调研结果进行记录，这些显然都有利于企业关于品牌打造和推广。

（二）品牌满意度市场调研

目标市场消费者普遍知晓企业品牌并不意味着对品牌高度满意，很多消费者也会存在正因为知晓才觉得这个品牌一般的看法，这显然是企业品牌不满足消费人群中的个体需要的具体表现。除此之外，还有许多类观点

和看法，有效进行市场调研活动无疑有助于企业在市场营销品牌推广阶段找出更好的途径与方法，去提高品牌自身所蕴藏的品质。市场调研活动可通过线上和线下问卷调查的形式开展，并将所有问卷调查结果进行整理和存储，为大数据分析提供重要的信息来源。

二、企业目标市场产品推广的深度调研

企业产品推广作为市场营销战略的重要组成部分，也是企业目标市场广大消费群体充分感知企业产品，并有效了解和加深企业品牌印象的重要载体。为此，在新经济背景下市场营销战略的构建过程中，实施企业目标市场产品推广的深度调研活动就成为不可或缺的一部分，这显然为企业新产品的设计、研发、生产提供市场支撑。

（一）参与产品体验的市场调研

在企业进行产品推广过程中，各种促销手段的运用显然是理想的选择，最终目的就是让更多的人关注产品，并且参与到产品体验过程中。目标市场消费群体参与产品体验的数量，以及体验过程中的体验成果显然成为决定性因素。对此，企业必须委派固定的工作人员进行线上和线下问卷调查，并将其问卷调查结果进行全面收集、整理、归纳、存储，为企业进行产品推广提供依据。进行目标市场产品推广情况大数据分析所用。

（二）产品具体意见与建议市场调研

从市场调研的形式来看，不难发现线上和线下问卷调查作为一种常用的方式，不仅体现出受众范围广的优势，还在最后的建议与意见栏中，将自己最真实的想法表达出来。但该方法绝不是社会调研活动唯一的方法，访谈法和实地观察法都可以作为市场调研活动的主要方法。特别是访谈法有助于人们更加全面地表达自己的意见与建议。为此，在新经济时代背景下，企业进行目标市场产品的深度调研过程中，针对产品价格定位、促销手段、产品质量与服务等多个方面，引导消费者说出内心最真实且最具体的意见与建议，并详细地记录。

三、企业目标市场品牌与产品推广情况的大数据分析

在新经济时代背景下，企业深度了解目标市场品牌与产品推广情况是一项必不可少的环节，但市场调研结果不进行全面而又深入的分析，市场调研活动的价值也不会得以呈现，市场营销战略的及时优化与调整更是无稽之谈。在这里笔者认为，大数据技术的全面使用显然是最为理想的选择，具体操作如下。

（一）建立专属企业市场营销战略实施阶段大数据库

新经济时代的到来与网络信息技术的飞速发展密不可分，后者成就前者的同时，前者也促进了后者的发展，这也为企业市场营销战略的可持续发展提供了充足条件。其中，大数据分析就成为企业深度分析目标市场品牌与产品推广情况最有利的手段。企业要从市场中选择专业的大数据分析技术，建立专属于企业市场营销领域的大数据库，力求目标市场品牌推广和产品推广深度调研的结果能够实现全面收集、处理、存储，为有效开展企业目标市场品牌与产品推广大数据分析提供理想的平台。

（二）针对企业目标市场品牌与产品推广情况开展大数据分析

企业引进大数据技术后，针对目标市场品牌与产品推广情况调研结果进行全面收集、处理、存储的基础上，将已经处理好的数据（问卷调查和访谈结果的归纳和数字转化等）进行系统性分析，明确消费人群产品体验过程中普遍的心态，个别消费者的心态。与此同时，还要明确在目标市场品牌推广过程中，了解消费者知晓该品牌的途径、了解品牌的深度以及对品牌依赖的程度。明确消费者普遍提出的意见和建议是什么，个别消费者针对品牌关注的焦点是什么，再将数据进行深度挖掘，从而体现出企业目标市场品牌与产品推广的实际情况，并为其合理优化和调整市场营销策略提供有力的指导。

从笔者在本节所阐述的观点中不难发现，在新经济时代背景下，企业市场营销战略的构建与实施过程中，目标市场品牌推广和产品推广情况的

市场调研以及大数据分析环节是准备阶段的重要延伸，在企业及时优化与调整市场营销战略中发挥着至关重要的作用，其意义和价值能够为企业有效拓展市场营销新渠道奠定坚实的基础。

第三节　将信息技术作为拓宽市场营销活动的新渠道

信息技术作为促进各行各业、各个领域发展的重要工具，发挥着至关重要的作用，这为时代发展与进步提供了有力的技术支撑。特别是在新经济背景下，新技术、新产品、新模式、新业态、新产业的全面形成作为当今时代我国社会经济发展的根本追求，信息技术无疑占有重要地位，让创新、协调、绿色、开放、共享成为现实，市场营销也面临着巨大的挑战，依托信息技术实现市场营销新渠道的全面拓展无疑是最佳解决方案。然而，真正将其转化为现实却并非易事，笔者认为主要操作应包括以下四个方面。

一、建立网络平台充分利用资源

信息技术全面发展是推动时代进步的中坚力量，各行各业从中必然会受益无穷，高度的资源共享和高效的资源利用就是最根本的体现。在市场营销领域中，信息技术发展所呈现出的重要地位极为明显，在市场营销战略构建与实施过程中，各级网络平台的相继出现就是最有力的说明。下面笔者通过图5-2，将网络平台构建和资源利用进行直观的展现。

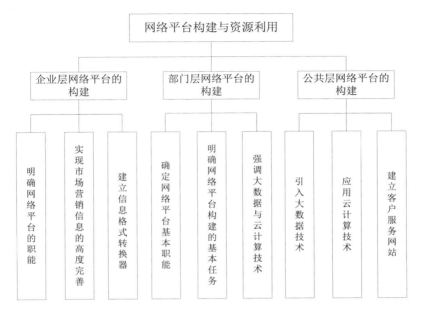

图 5-2　网络平台构建和资源利用

如图 5-2 所示，企业通过建立网络平台实现资源充分利用的过程中，主要包括企业层、部门层、公共层三个层面，其职能和作用在传统市场营销战略中存在明显欠缺，必须不断拓宽市场营销活动新渠道。

（一）企业层网络平台的构建

在市场营销活动全面开展的过程中，要以企业为主导，各部门通力合作、大力配合，由此，方可有效衔接各个环节及每个环节中的细节，实现市场营销活动的全面开展。为此，在信息技术有效应用于市场营销活动新渠道的拓展过程中，企业层面的高度重视必须放在首位，网络平台的构建更是如此，进而方可确保市场营销资源的高质量、全方位地应用。

第一，明确该层网络平台的职能。企业层网络平台的构建显然是企业市场营销平台的最高层，囊括的职责和功能更加全面，既体现在公共信息的安全存放方面，也体现在合理调配各个部门市场营销活动所需要的信息。这就意味着企业层网络平台的构建必须先确立完善的信息存储模块，同时确立信息管理模块，只有这样才能确保企业内部各个部门营销活动所需信息能够得到有效存储，实现高效率的调配。信息存储模块要体现出信息的归纳与整理功能，信息管理模块要体现出结构性功能，力保现存企业市场营销活动信息能够第一时间进入市场营销流程的各个环节。

第二，实现市场营销信息的高度完善。在明确企业层网络平台基本职能的基础上，将其信息加以完善。其中，主要的任务包括两部分：一是企业官网中的品牌和产品信息，二是营销区域内的相关活动信息。前者主要是向公众和消费者传递企业在品牌打造和产品研发中，在哪些方面作出了调整，并取得了哪些成效。后者则是向公众和消费者明确有哪些品牌活动和产品优惠活动值得思考，确保市场营销活动能够提升品牌自身的影响力，以及旗下产品所具有的市场竞争力。

第三，建立信息格式转换器。众所周知，在网络平台中，往往在信息格式方面具有较高的要求，通常职能兼容几种信息格式，除此之外的信息格式平台往往并不能识别，这显然不利于企业层网络平台进行全方位网络信息存储和管理，更不利于企业各部门在市场营销活动中高效使用信息资源。对此，建立信息格式转换器，确保各类信息在企业层网络平台中的相互兼容，显然成为该层网络平台构建的关键一环，同时也是确保市场营销全流程各个环节有效开展的重要保证。

（二）部门层网络平台的构建

部门层网络平台作为企业层网络平台的下属，主要信息来源不仅以企业层网络平台为基础，还要将其进行系统的完善，进而保证该层网络平台可以为市场营销活动的全面开展提供强有力的支撑，同时确保各个部门在市场营销实践活动中，具备更多可共享的信息。

第一，确定网络平台基本职能。从企业市场营销战略层面出发，各个部门作为战略实施的主体，需要通力配合方可实现战略实施效果的最大化，信息无疑从中发挥着串联各个部门，确保各个部门职能充分发挥作用。因此，在部门层网络平台的构建中，必须先确定该网络平台的基本职能，确保部门内部不仅有充足的可用信息，还可以获得促进其他部门顺利开展市场营销活动的信息。这显然是企业市场营销活动中，部门层网络平台必须具备的基本职能，也是企业市场营销战略迈向发展必须具备的基本条件。

第二，明确网络平台构建的基本任务。明确高层网络平台的基本职责显然是构建过程中的重要前提，在此基础上，去明确其构建的基本任务。基本任务主要应包括两个：一是要将部门市场营销活动中的数据进行系统化的挖掘与整理，二是将整理好的数据进行系统化的处理、存储、分析。就前者而言，其是确保信息完善的根本，其中包括部门内部工作人员的基本信息，以及部门工作流程所需要的具体信息。就后者而言，针对已经挖掘和整理的信息进行深加工，有效将其整合的同时进行系统化存储，为部门信息再开发提供依据。

第三，强调大数据与云计算技术的有效使用。信息技术在市场营销中的全面应用，具体操作依然体现在技术层面的应用过程中。大数据技术为数据捕捉、整理、处理、存储方面提供重要的技术保障，而云计算技术主要针对数据进行统计与分析，让数据的挖掘能够拥有更为清晰的指向，从中确保部门层网络信息平台在市场营销战略实施全过程中，拥有更多高质量的信息资源。

（三）公共层网络平台的构建

市场营销的根本目标就是要让品牌能够在市场中更好地生存下去，并且始终不断发展壮大，让产品能够被更多的人所接受，实现企业利益最大化和可持续发展。特别是在新经济背景下，品牌占据市场并且让产品受到广泛的青睐必须有完善的互联网平台作为保障，公共层网络平台的构建就成为不可缺少的一环。具体操作主要体现在以下三方面。

第一，引入大数据技术。上文中已经针对大数据技术的实际作用进行了明确阐述，可见该技术在信息完善与管理中的重要性。在市场营销活动中，市场发展动态、公众与消费者对品牌的了解，以及产品的需求都需要进行全面而又及时的解读与分析，信息捕捉和管理自然成为市场营销活动的重中之重。不仅要将捕捉到的数据进行整理与存储，还要对其进行系统化的分析，并确定数据深层挖掘的方向，保证企业市场营销战略调整角度的准确性。

第二，应用云计算技术。云计算技术是针对海量信息数据进行计算的工具，是信息技术发展进程中具有时代意义的新技术，在各个领域中，是实现行业和市场核心竞争力不断攀升的重要保证。对此，在新经济背景下的市场营销战略中，市场营销新渠道的开发必须将该项信息技术作为重要支撑条件，强调在公共层面网络平台构建过程中，将整理的数据进行全面统计与分析，客观了解市场发展的新动态，以及公众关于品牌的认知情况和消费者关于产品的具体看法，进而为更好地适应市场发展大环境和满足消费人群需要，确保品牌的市场核心竞争力的不断提升提供客观依据。

第三，建立客户服务网站。客户永远是市场营销的对象，客户了解和接纳品牌，并最终转化为品牌的消费者，通过产品体验过程形成对品牌的依赖感，显然是市场营销的最终目的。让更多的人了解品牌和产品显然是第一步，然后才能接纳品牌和体验产品。在市场营销活动中，公共层网络平台的构建必须打造客户服务网站，不仅要提供品牌推广服务和产品引导服务信息，还要将产品售后服务信息经过网站推送给客户，由此，保证企业市场营销能够促进品牌与产品核心竞争力的不断增强。

二、新营销模式的催生、巩固、精确化

在网络技术升级换代速度不断加快的时代背景下，不仅让信息资源得到了高度共享和高效运用，更让各个领域的行业发展模式发生了根本性改变。企业市场营销模式受到该时代背景的影响，逐渐形成了一条创新发展之路，笔者通过图 5-3 就能将这一观点加以充分说明。

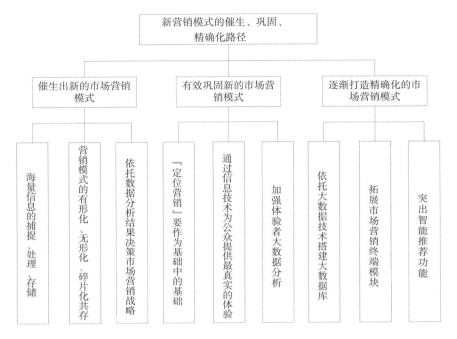

图 5-3　新营销模式的催生、巩固、精确化路径

通过图 5-3 不难发现，在新经济背景下，企业市场营销模式实现催生、巩固、精确化是一项极为系统的工程，具体而言就是催生并巩固了新的市场营销模式，并推动其走向精确化，在下文中对这一观点作出具体阐述。

（一）催生出新的市场营销模式

从信息技术发展的现况出发，由于我国已经步入了创新时代，信息技术发展也已经形成了新业态，即"互联网+"，因此，传统行业的发展也迈向了崭新的时代，"互联网+传统行业"成为当今时代的主宰。市场营销作为推动我国社会经济发展的主要力量，迎合时代发展，全面加强信息技术的应用，催生出具有颠覆性的市场营销模式，这无疑成为市场营销领域的必然，"互联网+市场营销"模式在该时代背景下就此形成。其中，具体表现主要包括三方面。

第一，海量信息的捕捉、处理、存储。互联网行业的发展实现了信息透明化，人们能够通过互联网了解自己所需的相关信息，企业在市场营销活动中自然也是如此，能够将公众的需求通过信息采集的形式进行捕捉，进而为拓展市场提供最直接、最客观的依据。大数据技术、云计算技术也随之出现，"互联网＋市场营销"模式就此腾飞。

第二，市场营销的有形化、无形化、碎片化共存。互联网为人们日常工作、学习、生活提供的便利就是实现万物互联，自身的位置不发生移动就能够满足日常必需的信息需求，这显然为市场营销提供了极广阔的发展空间。通过信息的捕捉、处理、存储，能够基本了解行业内部品牌推广的现况，公众关于此类产品的具体需要，最终采用多种信息传递的方式，在最佳的时间将信息推送到公众视野中，确保品牌和旗下的产品具有较高的关注度，这显然是市场营销战略的根本目标，"互联网＋市场营销"模式基本架构也就此形成。

第三，依托数据分析结果决策市场营销战略。数据统计与分析技术是信息技术发展过程中的必然产物，也是现状与问题呈现的客观性所在。故此，在各个领域中，普遍将数据统计与分析作为有效决策的客观依据，市场营销也立足数据统计与分析的结果，从而进行营销战略的调整，使营销理念、营销方法、营销手段能够紧跟时代经济发展步伐，适应时代经济发展大环境与大趋势，"互联网＋市场营销"模式渐渐走向成熟，推动企业市场营销战略转型更加科学化、合理化，在实现品牌市场覆盖性推广的同时，产品的市场占有率也得到不断提升。

（二）有效巩固新的市场营销模式

信息技术是推动社会实现创新发展的基本动力之一，不断更新信息技术由此成为时代车轮加速转动的动力源泉之一，从而与科学技术发展形成合力，加快我国社会发展的速度。面对当今信息技术发展的时代大背景和大环境，信息技术的创新在各个领域已经得到了充分体现，市场营销显然更让其模式发生了颠覆性的改变，在营销模式的巩固方面依然要加以高度重视，信息技术发挥的作用更为明显。具体而言，要从三方面入手。

第一，"定位营销"要作为基础中的基础。众所周知，"互联网＋市场营销"模式强调的是品牌与产品全面推广，实现公众的全覆盖，广泛了解公众切实需求的同时，发挥品牌与产品的自身优势，达到品牌的市场占有率和产品的消费者占有率最大化的目的。数据捕捉、处理、存储、分析、挖掘是市场营销模式的核心技术，但这只是该模式运行的初级阶段，中级阶段则是要立足该核心技术，针对消费者的详细信息进行深入的统计与分析，确保针对市场营销的对象形成精准的定位，这正是"定位营销模式"的具体表现。

第二，通过信息技术为公众提供最真实的体验。精准定位市场营销的对象显然距离市场营销走向成功还有很长的一段距离，随之要为营销对象提供最直接和最真实的品牌体验活动，特别是在新经济背景下，可通过信息技术手段将其转化为现实，如运用虚拟现实技术，使营销对象感知品牌的魅力，体会产品与服务的人性化等，这显然是有效巩固"互联网＋市场营销"模式有利的技术手段，也是信息技术在市场营销活动中进一步彰显其价值的直观表现。

第三，加强体验者大数据分析，提高体验者物质与精神需求层次。在向营销对象提供最直接的虚拟现实体验基础上，要结合体验者的切实感受作出系统性的分析，并根据数据分析结果有针对性地向其推送相关数据，促进体验者在物质与精神层面的需求不断提升，为将其转化为长期客户打下坚实基础，同时也为顺利进入市场提供前提条件。

（三）逐渐打造精确化的市场营销模式

随着信息化进程的不断加快，大数据已经成为行业制胜的核心要素之一，是企业赢得市场的法宝所在，故此，打造出以大数据系统为中心的市场营销模式，就成为信息技术在市场营销拓展新渠道的有力推手。其中，具体操作主要包括三个方面。

第一，依托大数据技术搭建大数据库。众所周知，大数据技术的全面应用是确保市场营销数据深度挖掘、实现数据有效应用的支撑条件，也是企业赢得市场最核心的技术环节。既要做到数据捕捉技术的全面应用，也要包括数据处理技术、数据存储技术、数据分析技术、数据发掘技术的深度使用，进而形成结构性强、信息覆盖范围广、使用效率极高的市场营销大数据库，为市场营销始终保持精准化提供强有力的前提条件。

第二，拓展市场营销终端模块，实现自动触发的实时精准营销。智能终端的投放作为当前市场影响战略推广的主要渠道，是企业品牌推广和了解公众需求的主要方式。因此，在依托大数据技术打造精准化的市场营销模式过程中，就必须将终端设备的模块升级作为重点关注对象，既包括短信推送模块，也包括 Push、邮件推送动功能模块，确保公众了解品牌信息和产品信息的实时性，市场营销模式更能凸显出"碎片化"特征，让市场营销的精准化拥有更有利的条件。

第三，突出智能推荐功能，做到与用户喜好高度契合。市场营销的根本在于提高品牌的影响力，最大限度地开拓市场，让品牌能够在市场中占有重要位置。在此期间，通过怎样的手段确保民众提高品牌关注度，显然是必须深入思考的问题，利用大数据技术进行品牌和产品的推荐无疑是理想选择，让推荐的智能性更为明显，确保市场营销的精准度不断提升。这里所谓的"智能性"，关键在于先要结合消费市场数据捕捉，再进行数据处理、分析、存储，最终结合分析并存储的数据，判断公众的普遍喜好，进而将推荐信息有针对性地推送，这标志着精确的市场营销模式的形成。

三、通过数据库分析并判断客户需求

数据库又称"电子化文件柜"，是按照数据的结构和规律有效进行数据存储和管理的"仓库"，具有将数据进行有效组织、高度共享、统一管理的功能。就新经济时代背景下的市场营销领域发展而言，数据库能够为其提供海量而又可靠的数据资源，在经过科学、准确的分析后，能够更好地判断客户的需求，确保新经济背景下的市场营销战略决策能够做到及时有效的调整。具体操作必须包括建立数据库模型、有效实施数据分析、研判客户的广泛需求三个步骤。

（一）建立数据库模型

作为新经济背景下市场营销战略调整最为关键的依据，数据是否充

分、是否客观有效，事关市场营销战略决策的调整。在数据分析过程中，主要针对数据库中的数据进行系统分析，故此，建立数据库往往是市场营销有效研判客户需求的基础，建立数据库模型自然要放在首位。具体而言，下述三个步骤必不可少。

第一，组织数据。"组织"一词从学术角度分析，最早出现于《组织行为学》一书中，其内涵在于人们为了实现共同的目标，依托态度、知识、技能等要素，将人们有效结合成相互协作整体的行为过程。[①] 通过对该内涵的解读不难发现，针对事与物有效开展组织工作是一项极为系统的工程。对于数据而言，将其进行有效的组织关键在于两方面：一是要将数据按照一定的方式和规律进行归并；二是要通过检索、插入、删除、更新、排序五种常用的算法，有效地处理数据，为数据便捷利用提供前提条件的同时，让数据共享和管理实现高效化拥有强大的保障能力。

第二，维护数据。该模块作为数据库的又一重要组成部分，其作用体现在数据内容的维护上，确保数据库始终不会存在错漏、冗余的数据，力保数据库中数据使用过程的高效性。另外，还要在数据更新、数据逻辑一致性等方面进行维护，确保数据本身能够为其决策提供最为准确和客观的依据。

第三，控制数据和利用数据。在数据库中，数据的安全性显然是重点考虑的对象，原因在于安全性过低必然会导致数据泄露，为组织、团体、个人造成不同性质和不同程度的损害。针对企业市场营销领域，数据库中的数据安全性显然需要控制数据这一模块来完成，用户进入系统必须做到自动升级和换代，强调进入用户的授权情况进行记载，同时还要强调第一时间追踪数据信息的来源，并做到及时剔除有害数据。

（二）有效实施数据分析

在信息技术飞速发展的大背景和大环境下，数据库之所以长期存在于计算机内，并且作为计算机不可缺少的组成部分，其根本原因不仅在于能

---

① 　张志学，鞠冬，马力.组织行为学研究的现状：意义与建议 [J]. 心理学报，2014，46(2):265.

够将捕捉到的信息进行科学存储，更在于可以为全方位数据分析提供最充足的依据，能高质量地进行数据分析。针对市场营销领域，有效实施数据分析显然是至关重要的一环。

第一，确定理想的数据分析软件。市场营销领域构建数据库模型的目的不仅要将海量数据进行有效的管理，还要将数据本身所具备的价值充分发挥出来，让其为有效调整市场营销战略决策提供强大的服务能力和保障能力。其间，确立理想的数据分析软件至关重要。

第二，强调数据多维度分析。在通过数据分析软件进行数据库数据分析的过程中，必须做到将其进行多维度分析，打通数据中存在的孤岛，让数据体现公众和消费者在了解、接受、体验品牌，以及旗下产品中的主要行为特征。这显然能够让市场营销部门从公众和消费者在品牌了解、品牌接受、消费行为的产生和改变等方面，深入挖掘市场营销的现实状况，从中认清市场营销流程和措施存在的不足，更有利于调整市场营销战略。

第三，整理数据分析结果。在经过用数据分析软件有效进行数据分析，并且获得客观分析结果两个重要环节之后，随之将数据分析结果进行全面的整理，其原则就是根据数据产生的原因进行分类和归纳，确保同性质和同作用的数据实现高度的集中。

（三）研判客户的广泛需求

在前文中笔者已经明确指出数据库以及数据库的数据分析，在市场营销战略调整中的具体作用和功能，而最终的结果则是让公众和消费者的切实需求能够得到最直观的体现，确保市场营销战略调整的科学性与合理性。对此，"研判客户的广泛需求"就成为市场营销领域数据库使用的最终追求，也是实用价值的最终体现，让信息技术在拓宽市场营销新渠道中的作用实现最大化，下文就立足该观点并进行具体阐述。

第一，系统化分析市场营销战略实施现状产生的原因。数据分析结果具有反映现实状况的功能，并且能够让现实状况得到更加直观的体现，数据的大小更能体现问题的严重性以及优势的明显性。以此为重要依据，根据数据分析结果的整理情况，结合不同类别、性质、作用的相关数据，分析市场营销战略实施状况产生的主要原因，并将其进行具体化分类，从中找出市场营销战略可提升空间和现有优势，做到从客观层面"知己知彼"，进而方可"百战不殆"。

第二，立足现状的成因分析公众和消费者的具体需求。在企业市场营销推广部门做到深挖现状，在找出有待提升空间和优势的基础上，针对存在有待提升的空间的原因，以及形成会有明显优势或微弱优势的原因作出系统分析，深挖现状产生的根源所在，并以此为中心探明公众和消费者在品牌和旗下产品方面的具体需求，真正实现需求发掘达到全方位化。

第三，通过放大用户需求的方式有效调整市场营销战略决策。正所谓"客户的小需求是市场营销努力的大方向"，大方向的明确自然要找准客户的具体需求，并将其无限放大，由此，方可确保市场营销服务做到尽善尽美。其中，既要涉及品牌文化方面的具体需要、产品功能性、实用性、美观度、保值与增值性、品牌与产品的服务方面具体需求，也要将具体的需求不断放大，将满足普遍性需求上升到战略层面，由此，让公众和消费者真正感受到市场营销战略所作出的调整。

四、科学避免营销渠道的冲突

相信每位从事市场营销领域研究的学者，以及相关从业者在实践中都会遇到一种情况，即营销渠道越多就会导致彼此之间的冲突越多，甚至会造成不可调和的矛盾。究其原因非常简单，就是在打造多种市场营销渠道的过程中，普遍认为另一种市场营销渠道能够弥补该营销渠道的不足，一旦现实没有达到预期目标，就会导致将原因推到原来的营销渠道遗留的问题上，这样显然不利于市场营销新渠道的拓宽，甚至会把原有的营销渠道逐渐封闭。对此，客观准确地分析现有市场营销渠道所具备的优势条件，在此基础上找出存在的劣势，并且实现市场营销多种渠道之间的有效互补。

（一）精准分析现有市场营销渠道的优势

从市场营销走向成功的必然条件出发，客观审视营销渠道无疑是走向成功的先决条件。然而，在众多企业的市场营销环节中，通常在审视市场营销渠道现状过程中，普遍将找出存在的漏洞和不足放在第一位，这显然会使从业人员产生一种错觉，即渠道中问题过多、漏洞百出，这不仅不利于找出优化市场营销策略的具体措施，更不利于相关从业人员树立自信，改进方案势必会使营销渠道之间发生冲突。

第一，通过多样化的网络渠道了解公众与消费者关于品牌和产品的认知度。众所周知，随着当今时代发展步伐的不断加快，人们更加注重品牌自身所展现出的品质，品质显然是品牌在市场站稳脚跟的关键因素，品牌品质化发展之路才是品牌赢得市场的又一关键因素。为此，在新经济背景下，市场营销战略调整过程中，通过多种网络渠道，将公众与消费者对品牌和产品的认知程度进行广泛了解，从而能够知晓市场营销战略中品牌的社会影响力以及产品本身的消费者满意度，进而从中精准挖掘出市场营销战略可长时间保持的因素，并且探索出可再度提升的空间。

第二，有效分析公众与消费者关于品牌和产品的满意度。通过多种网络渠道多维度了解公众与消费者关于品牌和产品的满意度，并且将数据上传数据库进行存储、管理、分析、共享之后，要根据海量数据分析结果，制定出有效的满意度评价量表，获得社会关于品牌和产品的满意度。其中，必然包括关于品牌发展理念、品牌文化、品牌定位等多方面的满意因素和不满意因素，同时包括关于产品功能性、实用性、美观性、价值性的满意和不满意因素，通过科学的算法进行统计与分析，最终找出现有市场营销渠道存在的优势，这也是品牌、产品分别在市场和社会中的核心竞争力的具体呈现。

（二）客观审视现有营销渠道存在的不足

"不足"通常可以视为"可提升空间"，也是问题的具体表现。在市场营销领域中，营销渠道存在可提升空间往往由多方面原因造成，客观审视其原因必会促进市场营销渠道的不断完善。其中，成因分析自然需要信息技术提供强有力的支撑，故此，确保市场营销渠道完善和挖掘的大方向的高度准确，有效避免市场营销渠道产生冲突的情况出现。具体操作如下。

第一，明确公众与消费者关于品牌和产品的认知度分析推广路径不足之处。在市场营销领域有效拓宽新渠道的过程中，不仅要先明确现有渠道的具体优势，还要结合公众和消费者针对品牌和旗下产品的认知程度，客观分析引导其认知过程存在的遗漏和不足，从而找出推广路径存在哪些可提升的空间，最终明确推广路径可完善之处，甚至将其作为一条新渠道构建的方向。

第二，依托公众与消费者对品牌和产品的满意度，明确成长与创新的不足之处。品牌的成长与产品创新是相互依托的关系，前者造就后者，后者促进前者实现高品质。为此，在市场营销新渠道的拓展中，要依赖公众与消费者关于品牌和产品的满意度，分析品牌成长道路和产品研发道路中的不足之处，借助数据分析结果阐明市场营销渠道中细节上的缺失和可提升空间，由此，确保品牌和产品自身的品质实现同步提升，让现有的市场营销渠道和待开发的市场营销渠道尽可能地发挥作用。

（三）力保市场营销渠道的优势互补

科学避免营销渠道之间的冲突，最有效的方式就是让市场营销渠道实现优势互补，彼此都能在市场营销活动中发挥不可替代的作用。但是，将其转化为现实必须有三个基本条件作为支撑，即数据库和数据分析能力、市场营销对象的科学划分、有针对性地制定并实施市场营销策略。而这三个条件缺一不可，其也是信息技术之所以能够在新经济背景下有效拓宽市场营销新渠道的价值体现。

第一，依托数据库数据分析结果，明确市场营销渠道的功能性。数据库作为在信息资源平台有效获取相关信息，并将其进行处理、存储、分析的重要技术手段，不仅能够让市场营销活动开展的现状得到更加客观的呈现，还能让市场营销渠道运行过程中存在的功能性特征充分地展现出来。为此，在市场营销新渠道拓宽的过程中，有效避免渠道间存在的冲突就必须高效运用数据库，将广泛捕捉、有效存储的数据进行海量处理与分析，确保市场营销渠道所伴随的功能性得到充分体现，让市场营销渠道功能在得到不断完善和升级的同时，实现优势功能作用最大化。

第二，立足市场营销渠道优势功能，实现品牌与产品推广对象的划分。信息时代让人们日常工作、生活、学习更加便捷，相应的习惯与方式也发生了改变，电算化办公、信息化交流、智能化学习已经成为当今时代最显著的特征，拓宽了人们了解信息、挖掘信息、利用信息的渠道。

第三，结合品牌与产品推广对象的特点，有针对性地实施品牌与产品营销策略。在前文中，笔者已经明确指出了数据库模型构建、数据存储、数据算法、数据分析在市场营销领域所发挥的作用，并且在公众以及消费者关于品牌和产品的认知、满意度方面能够作出具体分析，为品牌推广和产品研发部门提供极为有效的侧重方向。而这些显然都是依据具体对象而专门指定的市场营销方略。在具体实施策略方面，还要依托不同营销渠道所划分好的对象，进行有针对性的营销策略改进，如品牌文化感知力的引导、产品售前的消费心理引导、产品售中与售后的体验引导等，力求品牌与产品营销策略更具针对性，避免营销渠道之间的冲突产生。

在新经济时代背景下，市场营销战略的革新必须在营销渠道拓展方面下功夫，并且必须将信息技术作为重要的依托，确保市场营销战略的实施路径始终保持多样化，满足时代经济发展大环境的需要。但不可否认的是，以信息技术为支撑拓宽市场营销渠道必须有强大的服务体系作为支撑，进而新渠道本身的作用与价值才能得以充分体现。

第四节　建立完善的市场营销服务体系

在新经济背景下，企业之间决定市场营销战略能否占据有利位置，不仅体现在市场营销策略是否全面，还体现在市场营销服务体系是否高度完善。对此，在新经济背景下，笔者认为在市场营销战略全面升级过程中，必须将确立完善的市场营销服务体系放在重要位置，其操作的侧重点如下。

一、建立数字化模型进行市场营销服务方案分析

数字化分析模型是客观反映事物发展现状和发展规律最科学的方法，特别是在新经济时代背景下，企业市场营销活动必须有充足的信息保证其可持续发展，因此，采用数字化模型分析行业市场营销方案与特点就成为最理想的选择。"服务"作为影响市场营销方案整体水平的关键条件之一，通过数字化模型分析行业市场营销服务方案与特点自然也是必不可少的环节。但其操作过程较为系统，具体如图 5-4 所示。

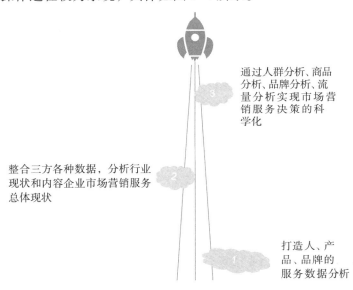

通过人群分析、商品分析、品牌分析、流量分析实现市场营销服务决策的科学化

整合三方各种数据，分析行业现状和内容企业市场营销服务总体现状

打造人、产品、品牌的服务数据分析

图 5-4　行业市场营销服务方案与特点的数字化模型分析路径

通过图 5-4 可以看出，企业在建立数字化模型分析行业市场营销服务方案与特点的过程中，必须有最基础的条件作为支撑，同时有关键的推动力作为辅助，最终有完善的数据分析方案作为保证，只有这样才能确保行业内市场营销服务方案和特点的分析结果更为准确。

（一）打造人、产品、品牌的服务数据分析

数字化模型最突出的特点就是能够通过不同数字组合的形式，向人们反映最直观的现象，从而帮助人们从侧面分析现象中存在的问题，并做到

将问题的成因进行全方位分析。在数字经济背景下，行业内部市场营销活动的全面开展离不开全方位的服务作为保证，服务方案是否可行和特点是否突出都会影响各个企业市场营销的成果体现，所以企业普遍会选择数字化模型分析的方式，让行业内部市场营销服务方案和特点充分反映出来，由此方可确保市场营销服务方案能够博采众长的同时，还能将其保障作用充分发挥出来。在这里，服务数据分析应包含人、产品、品牌三个维度。

具体而言，针对"人"这一维度，主要立足各个企业关于品牌为公众提供的服务，以及产品为消费者提供的服务进行信息获取，并将其转化为数字进行分析，将各企业的市场营销服务范畴、服务能力、服务效果能够全面而又客观地展现出来，确保公众和消费者的品牌认知程度，以及产品兴趣度和关注度能够充分体现。针对"产品"这一维度，数据分析模型要立足各企业产品固有的特点，以及消费者不同消费心理的作用两方面，将产品在全社会范围中的认可情况进行信息捕捉，并将其进行数字化处理和分析，形成具有普遍意义的数据，通过分析获得各企业产品本身在市场营销中所能够带来的间接服务，从而认知行业内部企业品牌创新发展和产品研发的核心条件。针对"品牌"这一维度，数据要来源于公众的品牌文化感知、接纳、认可，这是行业内部企业品牌赢得市场，并且始终保持可持续发展的根本，通过数据分析的结果辨明行业内部各企业品牌服务的总体情况，最终为分析各企业市场营销活动中，品牌服务存在的不足和成因提供最直观和最可靠的数据支撑条件。

（二）整合三方各种第一数据分析行业内容企业市场营销服务总体现状

上文阐述的主要观点集中在行业内部市场营销服务方案及特点方面，通过数字化模型进行数据分析，下面笔者将重点落在行业内部各企业市场营销服务方案运行过程上，将其现状通过数字化模型进行数据分析，具体操作包括三方面。

第一，行业内部各企业品牌推广的服务功能第一数据整合与分析。在市场营销战略中，品牌推广的服务功能主要表现在两方面，一是引导公众正确认知品牌文化的功能，二是引领公众形成正确品牌观的功能。这也正是品牌推广战略切实体现品牌魅力必须具备的两项基本功能。

第二，行业内部各企业产品销售服务功能第一数据整合与分析。产品销售环节的服务功能主要体现在消费群体正确建立消费观，让产品的实用性、价值性、美观性、功能性得到充分展现，力求市场营销活动始终面向公众，始终面向消费者，始终面向产品消费人群。这些显然都是企业在有效进行行业内部产品销售服务功能第一数据分析过程中必须关注的，也是企业在市场营销道路中革新产品研发视角和全面提高产品研发层次的重要依据。

第三，行业内部各企业消费人群的引领情况第一数据整合与分析。众所周知，企业市场营销活动方案的实施，其目的就是将品牌在市场中全面推广，在市场发展洪流中占据有利的位置，同时产品能够得到更为广泛的认可，最终实现品牌利益最大化，凸显市场营销的价值。在此过程中，消费人群的消费心理得到正确引领显然是关键，将行业内部各企业该方面的第一数据进行全面整合和系统分析，必然确保企业有效改变消费人群的消费观念，最终成就品牌和产品未来发展大方向，实现市场营销的预期目标，增强市场营销的可持续性。

（三）通过人群分析、商品分析、品牌分析、流量分析实现市场营销服务决策的科学化

前期运用数字化模型分析行业市场营销服务方案与特点目的非常明确，就是要让行业内部各个企业在市场营销服务方案中的优势，以及有待提升的措施全面展现出来，取长补短，最终实现科学完善企业市场营销战略中的服务决策，这显然是企业市场营销始终保持可持续化，达到又好又快发展的有利条件之一。

第一，人群分析的内容与侧重方向。主要包括各企业关于公众对品牌的认知心理和基本诉求，以及消费者在产品的性能、美观度、价值性的体验感等多个方面，通过数据分析找出各企业关于公众在品牌和产品服务中的具体诉求。在此过程中，发掘本企业在市场营销战略关于公众和消费人

群在品牌与产品推广中的服务新重点。

第二，商品分析的内容与侧重方向。主要包括各企业推出产品在造型方面呈现出的艺术感和美观度，在实用方面呈现出的耐用性和便捷性，在价值方面体现出的收藏性和保值性，等等。进而突出在市场营销战略中，各企业关于上述三方面所提供的具体服务措施和关注的焦点，并从中吸取其"经验和教训，确保企业产品在推向市场的过程中，能够在服务决策方面更加精准化。

第三，品牌分析的内容与侧重方向。主要包括各企业关于品牌推广中，公众关注视角的导向力以及品牌文化的感染力和品质内涵的展现力三方面。这三方面是品牌在市场营销道路中，无形引导公众客观认知品牌发展优势，有效服务公众品牌认可度的关键条件。故此将其进行有效的数据分析，全面总结各企业在品牌市场营销战略中的优势，将其与企业市场营销战略实施现状紧密结合，必然会形成更加科学化、合理化的品牌市场营销服务新决策。

第四，流量分析的内容与侧重方向。主要包括了解品牌和产品的客流量、体验品牌和产品的客流量两方面。众所周知，各企业在市场营销道路中，不仅有网络营销渠道，还有线下营销渠道，以此来满足公众和消费者更加直接的了解和体验品牌，以及品牌旗下的相关产品，线上和线下的客户流量分析能够呈现出服务质量的高低，将其进行有效的数据分析，必然会反映出各企业在市场营销服务过程中的优势与劣势，从而能够帮助企业在市场营销战略构建与调整中，优化出一套行之有效的服务新方案。

二、积极构建市场营销服务多方协同平台

市场营销战略作为企业有效将品牌和产品推向市场，最终得到公众高度满意并转化为购买行为的总称，其战略意义与战略价值自是不言而喻的。其中，市场营销服务能否达到战略高度显然起着至关重要的作用。在做到将市场营销服务方案与特点进行全方位数据分析的基础上，建立一套完整的市场营销服务多方协同平台，为系统化打造市场营销服务体系总体框架奠定坚实基础，并为新经济背景下市场营销战略趋于理想化提供载体。

（一）生产端服务平台的构建

从新经济背景下的市场营销战略构建的全面性角度出发，服务体系的构建不仅要有全面、客观、有说服力的依据作为前提，了解公众和消费者在认可品牌和产品过程中的具体需求，还要将产品所能够满足公众和消费者需求的信息传递出去，只有这样才能保证品牌和产品得到广泛的信赖。对此，生产端服务平台的构建就成为不可缺少的一部分，也是市场营销服务多方协同平台最基本的构成。

第一，产品工艺服务模块。要将产品在生产过程中所用到的传统工艺和新工艺第一时间传递给公众和消费者，让其感受到产品不仅精雕细琢各个细节，还有复杂化和精细化的生产工艺。这样既能够促进公众和消费人群体会到产品的"颜值"与生产工艺紧密相关，又能够促进公众通过产品本身加强对品牌自身内涵的理解。

第二，产品材料服务模块。产品的材料是产品材质的决定性因素，材料本身是否高度环保，具有耐磨、耐腐蚀、极好的手感取决于产品材料选择对象。为此，在构建生产端服务平台中，产品材料服务模块应包括材料原产地、材料的作用性和环保性、材料本身的科技性等多方面信息，力求通过生产端服务平台让公众更好地了解产品基本构成，为激发公众的购买欲创造有利的条件。

第三，产品功能性服务模块。无须质疑的是，公众选择某个产品通常关注的第一焦点就是外形，但最主要的还是产品自身的功能，能否满足自己在使用过程中的需求。为此，在搭建产品生产端服务平台的过程中，必须重点突出产品自身所具有的功能性，成为服务平台的重要组成部分，让公众不仅通过产品的生产端深刻了解到生产工艺复杂与精细、产品材料选择考究、健康、环保，同时能体会到产品自身的造型美观和功能强大相兼容，进而引导公众产生强烈的消费欲望。

（二）销售端服务平台的构建

销售是市场营销战略构成的关键部分，品牌和产品的推广效果会直接在这一部分中体现出来。故此，企业在制定和优化市场营销战略过程中，通常会从销售端寻找侧重点，以求品牌和产品的推广效果达到最佳。于是，在市场营销服务体系的构建中，多方协同平台的构建自然要将打造销售端服务平台放在关键位置。

第一，突出"以人为本"的营销理念。品牌和产品推向市场、推向社会的最终目的就是要满足公众和消费者的需要，最大限度地得到消费者的认可，并将其认知心理转化为消费行为，最后形成对品牌和产品的依赖感，让"以人为本"的营销理念深入公众和消费者心中。但是这一理念绝不能绕开经销商，只有先让经销商深刻认同这一营销理念，才能将其推向市场、推向社会，使市场营销的效果最大限度地保持理想化。同时，这也是销售端服务平台构建的首要条件，更是全面提高市场营销服务端质量不可或缺的因素。

第二，彰显企业售前、售中、售后服务视角。企业将品牌和产品推向经销商的角度必须体现在促进合作方面，其原因在于经销商是品牌推广的"大使"，更是产品销售渠道的"开拓者"，只有为经销商提供全方位的服务，市场营销的效果才能得到充分体现。所以，企业在搭建市场营销服务多方协同平台的过程中，要高度重视经销商，并为之提供售前、售中、售后服务，确保经销商先认可品牌和产品，从而才能更好地将其推向市场、推向社会。

第三，明确广泛听取意见与建议的服务原则。企业为品牌代理商提供良好的服务，必然会促进品牌和产品的市场推广，确保产品的社会关注度不断提高，从而为品牌和旗下产品在市场和社会中占有重要地位提供有力保证。对此，在销售端服务平台模块中，必须添加品牌代理商意见与建议反馈模块，让代理商及时反馈品牌与产品推广过程中所总结出的观点，这显然有利于品牌升级和新品研发环节的高质量开展。

（三）零售端服务平台的构建

零售商作为市场营销战略中的重要节点，其作用就是将品牌优势和产品优势直接推送至公众以及消费者，并引导其进行品牌和产品体验，并增加品牌依赖感。对此，在市场营销服务多方协同平台构建中，打造零售端服务平台自然要引起高度重视。

第一，品牌与产品信息的全方位公开。在新经济背景下，公众了解品牌和产品的途径已经从有形化向无形化过渡，所以在市场营销战略中，通过网络信息的形式向公众和消费者推送品牌和产品信息显然是最理想的选择，所提供的服务无疑是品牌与产品信息的全方位公开。该做法的目的在于让公众能够深刻意识到品牌发展有哪些新视角，产品的开发有哪些创新性，这样品牌和产品的市场知晓程度以及社会影响程度才能实现全面提升，让市场营销拥有最直接的保障性条件。

第二，品牌推广与产品销售活动信息的高度透明。市场营销活动必须体现出高度的策略性，由此才能拓宽公众对品牌的认知范围和提升认知高度，消费者才能意识到产品的自身优势所在。基于此，在打造零售端服务平台的过程中，企业的品牌推广与产品销售活动信息模块必须保持高度透明，让公众和消费者能够体会到品牌推广的力度以及产品销售的活动力度，这样才能确保品牌和产品更好地进入公众视野，获得其高度认可。

第三，建立客户关于品牌和产品的需求上传途径。在市场营销客户端服务平台构建中，将品牌和产品信息进行全面推送的同时，还要注重服务信息在公众和消费者群体中的具体反馈。信息反馈能说明品牌与产品自身的优势，同时会在其建议和意见中体现出不足，将不足进行避免的过程显然就是满足其需要的过程，能够全面加快市场营销战略优化调整的步伐。对此，建立"客户关于品牌和产品的需求上传途径"应作为零售端服务平台构建必不可少的环节。

三、确立市场营销服务体系总体框架

通过上文的阐述可以看出，确立完善的市场营销服务体系先要做到知己知彼，随后还要明确多方协同的思想，这些都是为确立市场营销服务体系总体框架做准备。但是如何才能建立市场营销服务体系总体框架，笔者认为主要包括以下三方面。

（一）消费者行为数据分析

消费者行为数据分析的作用和目的非常直接，就是在市场营销活动中，将公众转化为品牌和产品消费者的一般行为进行分析，不断扩大品牌与产品的市场。

第一，品牌咨询情况数据分析。公众品牌咨询情况能够反映出消费者对品牌的兴趣，对其具体情况进行分析，确保品牌社会影响力是否得到有效提升，品牌社会推广的效果是否具备进一步提升的空间。其中，数据分析的内容包括两方面：一是公众线上与线下进行品牌了解的主动性；二是品牌了解的广度与深度。通过这些数据的分析结果，能够反映出品牌在公众心中是否已经占据一定的位置，得到认可的比重是多少，不能达到满意的因素有哪些，由此为品牌推广服务提供强有力的依据。

第二，产品体验情况数据分析。产品体验是公众向消费者转化的重要依据，产品体验过程中公众的态度自然会直接影响其购买意愿。针对这一数据进行分析，必然会彰显产品能否被公众广泛接受，同时体验感也能充分说明产品研发过程中所赋予的竞争优势和劣势。其中，在数据分析过程中，应包括公众在体验产品过程中的态度表达，实际操作过程中深层了解的意愿，关于售中服务的满意程度等方面，这些显然能够暗示公众的产品需求方向。

第三，产品购买情况数据分析。公众产生产品消费行为，就意味着已经实现向品牌和产品消费群体的转变，市场营销的目的就此初步达成，但并不能说明市场营销活动就此完成，还要针对购买行为之后的产品使用情况进行深入了解，进而才能确保产品研发的侧重点始终处于不断更新状态，品牌自身的品质能够得到不断提升。产品购买情况的数据分析主要包括三方面：一是产品购买数量；二是产品使用的满意度；三是能否为其引荐其他潜在用户，这些数据分析结果必然能够反映出消费者对产品的认可度和需求度，为品牌升级和产品研发指明新的方向。

（二）协同服务可行性因素整合

在前文的观点阐述中已经指出，在新经济背景下实现市场营销服务多方协同必须具备一个基本条件，即建立完整的多方系统平台。笔者也从生产端、销售端、零售端三个层次，将具体操作进行了明确介绍。然而在多方协同平台中并非所有的因素都能保持相互协同，依然会有矛盾因素存在，会阻碍市场营销服务体系的全面运行，所以必须将协同服务可行性因素进行全面整合。

第一，服务部门之间的协同。从新经济的内涵层面出发，新经济指的就是经济全球化和信息技术革命背景下的经济发展新形态，创意产业成为新的产业，智能经济成为时代经济发展新趋势。在该时代背景下的市场营销战略中，优质的"服务"成为企业品牌和产品推广的重要途径，各个阶段都要有相关的部门相互协调、共同行动，如，市场营销部、市场运营部、售后服务部等，这些部门之间的通力合作能够避免矛盾与冲突的出现，这显然是全面提高市场营销整体质量的关键所在。

第二，服务制度之间的协同。制度显然是确保各个环节保持高效运行状态的外部强制性条件，制度之间能否做到高度协同，直接关乎各个环节是否会存在纰漏，影响各个环节运行的高效性与否。针对新经济背景下的市场营销服务体系的运行而言，服务制度必然会呈现出系统化特征，是否能够保持相互兼容就成为制度运行过程中的难题，如售后服务制度与售前服务制度之间存在矛盾或冲突，必然会导致后者的服务质量明显降低等，故此将制度层面的可行性因素进行整合，必然会促进市场营销服务体系健康、高效、优质地运行。

第三，服务原则之间的相互协同。从市场营销战略实施的基本要求出发，明确市场营销对象、制定市场营销战略、实施市场营销质量评价等环节，这显然是市场营销战略的主体要求，更是市场营销战略的直观体现。基于此，在市场营销服务体系框架的构建中，服务对象的高度明确、服务措施的高度完善、服务质量评价的全面进行，显然是服务原则之所在，实现三者之间的相互协同，势必会促进市场营销服务质量的不断提高，最终能够为市场营销战略的可持续、又好又快发展提供强大的推动力。

（三）市场营销服务模块的构建

就新经济时代大背景而言，市场营销服务水平能否与时代发展大背景、大环境高度一致，直接决定了能否把握住最佳的市场营销机会，让公众与消费者成为企业发展道路最忠实的用户。对此，拥有一套极为完整的市场营销服务模块，就成为市场营销服务体系总体框架中的核心环节。在此期间，笔者认为应该包括市场营销服务理念模块、网络营销服务动态响应机制模块、消费者行为数据收集与分析模块、市场营销服务决策模块四部分，接下来笔者就以此为立足点进行逐一论述。

第一，市场营销服务理念模块。该模块主要是整合当前市场营销服务理念，并将传统的服务理念进行优化和转换，以符合当今网络信息时代下人们的消费行为习惯，提升公众对品牌的认知度，通过产品体验品牌独有的魅力，形成良好的消费行为，并从中发现产品自身的功能性、实用性、美观性、价值性，让市场营销的整体效果不断攀升。这显然是市场营销服务体系框架中，服务模块的基本组成部分，也是最基本的作用体现。

第二，网络营销服务动态响应机制模块。所谓的"机制"，其实质是社会或自然现象的内在组织和运行的变化规律。由此可见，在网络营销服务方案运行过程中，内在组织和变化规律能够得到充分体现，并保证网络营销动态服务过程的顺利运行。在该模块中，主要包括服务原则、服务部门、服务制度三项重要内容，以此确保网络营销服务能够实现高度的动态化，实时满足公众和消费者关于品牌与产品的内在需求，第一时间形成个性化服务方案。

第三，消费者行为数据收集与分析模块。在之前的观点中，笔者已经多次提到在新经济背景下，无论是在行业内部，还是在企业市场营销战略分析过程中，都要将数据收集、处理、存储、分析、挖掘作为重中之重，由此，让市场营销的战略性调整能够拥有更可靠的依据。在市场营销服务体系总体框架的构建中，消费者行为数据收集与分析模块是其重要的组成部分，既要针对公众品牌认知行为进行数据收集与分析，又要将消费者行为进行数据收集与分析，确保市场营销服务措施能够与其消费行为保持高度匹配。

第四，市场营销服务决策模块。市场营销服务质量的全面提高必须要有正确的决策作为支撑，缺少正确的决策作为导向，势必会导致市场营销服务战略决策性的失误，市场营销战略很难达到预期目标。对此，在构建市场营销服务体系总体框架过程中，市场营销服务模块必须包含服务决策模块。其中，模块的主要内容构成既要有战略性整体部署，也要有战略性要求、战略性措施、战略性质量评估等多方面，力求市场营销服务决策高度清晰化和系统化。

四、通过服务质量评价体系保障新经济背景下市场营销战略可持续发展

"服务"作为市场营销战略实现永续发展的决定性条件之一，服务质量的高低显然决定了市场营销战略能否实现可持续发展。特别是在新经济背景下，市场营销战略中，全面提升服务质量成为关键性的条件。为此，有效对其进行全方位评价就成为市场营销战略实施的重要任务，打造出一套完整的服务质量评价体系固然成为摆在广大学者以及相关从业人员面前的首要任务，就立足这一问题，笔者在图 5-5 中将该质量评价体系的构建路径加以明确。

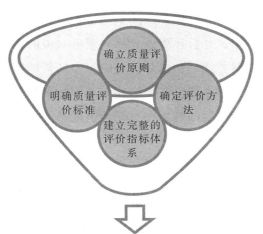

新经济背景下企业市场营销战略服务质量评价体系的形成

图 5-5　新经济背景下市场营销战略服务质量评价体系构建路径

通过图 5-5 所呈现的信息不难发现，虽然构成条件的文字表述较为简单，但是在实际操作过程中，需要付出极大的努力方可确保质量评价体系

得到完善，为此，笔者在下文中就立足三个方面作出具体阐述，将这一棘手问题加以有效解决。

（一）确立市场营销服务质量评价原则与标准

新经济时代背景下，在市场营销战略的可持续发展过程中，服务质量所发挥的作用越来越明显，在市场营销战略不断从成功走向新的成功过程中，已经成为重要的推手。为此，建立一套行之有效的服务质量评价体系显然是市场营销战略规划的重要组成部分，要将市场营销服务质量评价原则与标准置于首位。

在评价原则方面，将有效界定服务对象和目标、全面性和代表性相结合、评价方向多元化、指导性和发展性相结合作为重要原则。就有效界定服务对象和目标而言，服务对象和目标过于模糊，会直接导致客户对品牌和产品的满意度呈下降趋势，市场营销的战略效果很难凸显出来，所以有效界定服务对象和目标必须作为服务质量评价体系构建中的一项重要而又基本的原则。就全面性和代表性相结合而言，在市场营销方案的实施过程中，服务不仅体现在品牌推广、产品销售过程中，还体现在品牌和产品的感知和体验的过程中，并且还要做到针对服务对象的不同制定特殊的服务方案，或有效调整服务计划，这显然是确保市场营销服务质量的关键因素，所以必须作为服务质量评价体系构建与运用的主要原则之一。就评价视角多元化而言，毋庸置疑的是，在市场营销战略的全面落实过程中，影响服务质量的因素众多，仅从某一视角进行服务质量评价显然过于片面，不利于市场营销战略进行全方位的优化与调整，故而视角多元化必须作为服务质量评价体系构建与运用的基本原则。就指导性和发展性相结合而言，服务质量评价体系的构建与应用最根本的作用和目的非常明确，就是要让市场营销全过程中的服务现状得到充分体现，同时能够为有效分析全面提高服务质量的现状提供客观依据，并且能够为有效制定出高质量、高效率的服务措施，以及有效提升市场营销战略发展的可持续性提供指导，所以该服务质量评价体系的构建与运用必须要以指导性和发展性相结合为重要原则。在评价标准方面，要严格按照可靠、敏感、可信、移情、有形证据五个标准建立和运用服务质量评价体系，力保服务质量评价结果体现出高度的客观性。

（二）科学选择市场营销服务质量评价方法

评价方法作为质量评价环节中的枢纽，是评价结果能否正确形成的决定性因素，在新经济背景下的市场营销服务质量评价体系运行过程中，自然也要将其视为重中之重。具体而言，笔者认为以下三方面必不可少，接下来笔者则有针对性地进行详细阐述，希望广大学者及相关从业人员能够受到一定的启发。

第一，明确市场营销服务质量调研信息能否实现高度量化。调研信息的量化程度无疑会限制质量评价的结果是否高度准确，但是针对市场营销服务质量的市场调研和社会调研而言，很难实现调研信息的全面量化。其原因非常简单，在调查问卷中会将关于全面提高市场营销服务质量提出具体建议以及在访谈提纲中所记录的信息通常很难以数字的形式进行归纳和总结，由此会导致调研结果并不能进行全面的量化处理，而这也为有效开展新经济背景下市场营销质量评价提出了具体要求，在评价方法上必须加以斟酌。

第二，结合社会调研结果量化情况明确评价方法的确立原则。通过上一个观点的论述，不难发现在进行市场调研和社会调研活动过程中，反馈的信息往往并不能将其全部进行量化，而是要根据评价标准，将具体的建议和意见进行转化，并将其视为定性评价的主要指标。另外，针对可以直接转化成数据的调研结果而言，要将其视为定量评价的具体指标，最终用科学的算法将其进行统计与分析，最终得出具有高度综合性的市场营销服务质量评价结果，定性与定量相结合自然成为确立评价方法的主要原则所在。

第三，确立高度适用的市场营销服务质量评价方法。立足市场营销社会调研结果的量化程度，笔者确立了定性与定量相结合的服务质量评价方法的选择原则，能够满足该原则的评价方法也由此确定，即模糊综合评价法。因为该评价法具有能够将描述的事物进行模糊化处理，并且能够根据评价标准用数字的形式表示出评价结果，同时能针对已经量化的指标进行统计与分析，最终得出具有高度客观性的评价结果，最后将其进行综合分析，保证服务质量评价结果的高度准确，并且数据分析软件还能够为之提供相应的改进建议，让新经济背景下的市场营销战略始终可持续地发展。

（三）建立完善的市场营销服务质量评价指标体系

评价指标体系是否完善，直接影响质量评价的方向和细节是否高度完备，评价结果是否具备科学性、客观性、发展性、指导性。就此，在新经济背景下构建完善的市场营销服务质量评价体系过程中，势必要将评价指标体系的高度完善视为重中之重，具体操作如下所示。

第一，确立新经济背景下市场营销服务质量评价主体内容。"评价内容"的实质就是针对评价主体，明确针对哪些领域进行相关评价，具有明显的方向性和广泛性两个基本特征。就市场营销质量评价而言，评价内容主要包括品牌推广、产品销售、跟踪服务。其中，品牌推广主要围绕品牌市场传播和社会传播两方面，针对服务质量进行系统的评价，故而确保市场营销渠道的运行理念能够得到充分体现。产品销售立足产品推向社会的过程进行服务质量评价，该评价是品牌推广的重要推手之一。跟踪服务是影响市场营销服务质量的关键性因素，具有在一定程度上改变消费者关于品牌和产品固有认知的作用。

第二，建立新经济背景下市场营销服务质量一级评价指标。在明确主要评价内容的基础上，结合新经济时代大背景，找出影响品牌推广、产品销售、跟踪服务的直接因素，将其作为一级评价指标。其中，必须要有该领域权威专家对该级评价指标进行打分，并且按照权重系数进行排列，由此，确保一级评价指标所涉及的要素能够直接反映出市场营销模式、途径、措施的总体现状。

第三，打造新经济背景下市场营销服务质量二级评价指标。在这里，"二级评价指标"是对一级评价指标的进一步细化，确保服务质量评价结果能够客观地反映出现实状况，让评价结果本身的综合性和客观性更加明显，为新经济背景下全面提升市场营销服务质量拥有更为充分的依据，同时为进一步完善市场营销战略拥有更为有力的保证。

　　综合本章各节所述，可以直观地感受到在新经济背景下，对市场营销战略的构建过程需要进行多维度关注，不仅涉及市场营销的理念创新，还要进行全面的市场调研活动，并进行大数据分析，通过信息技术进行市场营销新渠道的有效拓展，最终形成一套系统化、高质量、具备较强实操性的市场营销战略，由此，为产品推广打造出较为理想的路径。

第六章
基于"新经济"的产品策略创新研究

　　前文论述了不同时代背景下企业产品策略的构建必须具备哪些基本条件，应该关注的新视角主要包括什么。那么，在新经济背景下，如何借助产品策略研究的必要条件和新视角，打造出一套完整而具有创新性的产品策略显然成为企业必须高度关注的焦点，接下来笔者就通过图6-1将新经济背景下产品策略创新的路径构成加以明确。

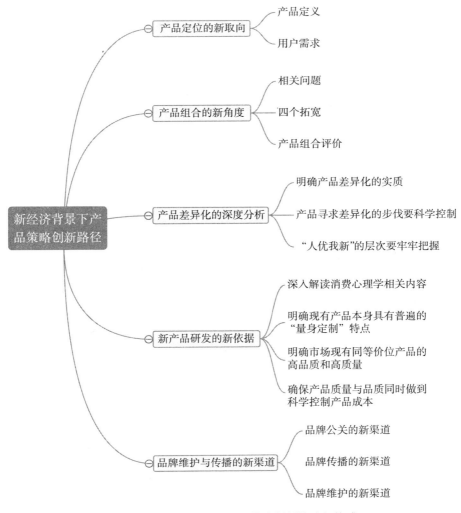

图 6-1　新经济背景下产品策略创新的路径构成

通过图 6-1 可以看出，在新经济背景下企业产品策略创新的基本构成要素极为系统，包括的五个方面呈现出递进关系，缺少任何一个环节都会导致产品策略创新无法实现。为此，笔者在本章的内容中，紧紧围绕该图所呈现的各个部分以及相关构成要素进行具体论述，希望能够为广大学者以及相关从业人员带来一定的帮助。

第一节　产品定位的新取向

所谓"产品定位"，是指能够用最简短的话语，将企业自身的产品进行描述，从而让目标市场消费人群了解企业所推出的产品究竟是什么，在最短的时间内了解产品是否适合自己。在这里，笔者认为产品定位必须包括以下两方面。

一、产品定位

（一）适用群体

从字面中不难发现，"适用群体"就是指产品比较适合哪些群体使用，也就是说哪些群体在使用该产品后会呈现出较为理想的使用效果。在明确适用人群的过程中，先要结合产品设计研发主要解决的问题，以及在问题解决过程中哪些人群会从中获得最佳效果等。例如，在某智能手机的设计与研发过程中，就是为了解决以往智能手机屏幕布局不合理的问题，能够让人们在使用智能手机娱乐功能时，能够拥有更好的视觉体验效果，在当今时代背景下，广大青年、中年、中老年人群普遍使用智能手机的娱乐功能，由此，上述人群也是产品适用人群，产品定位关注的焦点也得到了高度明确。

（二）主要功能

功能特征要与时代发展大环境高度适应，并且结合时代发展大趋势不断予以革新，引领时代发展潮流，显然是产品赢得市场的必要条件，也是企业科学定义产品必不可少的视角，更是进行产品客观定位的基本条件之一。就新经济时代背景而言，信息的高度开放导致诸多同类产品涌入人们视野之中，产品功能不够突出必然会被淹没在寻常产品之中，产品的关注度必然不会理想，产品受众范围和市场占有率可想而知。为此，以最直观的方式突出产品功能就成为新经济背景下科学定义产品不可缺少的因素，也是关乎产品策略构建与实施效果的条件之一。基于此，笔者认为在新经济背景下，产品功能的多样化与实用性相兼容也成为企业和消费者定义产品的不懈追求。

（三）产品特色

"产品特色"一般是指产品在功能、造型、质量方面所体现出的独有特征，以吸引更多消费者的目光，是消费者定义产品的主要视角之一。在新经济背景下，无论是在目标市场还是目标市场之外的消费人群中，关于产品的外形、结构、质量、功能方面的注重程度越来越高，特别是在外形方面，消费者更是会提出具有时代色彩的定义，并变相地将产品外形、功能、质量进行定义。故此，企业在产品策略的研究过程中，为有效避免这些现象的产生必须将产品特色淋漓尽致地表现出来，由此，方可确保产品能够真正被市场广泛接受，最终达到有效拓展目标市场，实现企业可持续发展和又好又快发展的目的。

二、用户需求

"满足一切用户需求"在各个时代背景下都是企业寻求可持续发展必须坚守的理念，产品策略创新也要时时刻刻围绕这一理念来进行。在新经济背景下的企业产品策略创新过程中，显然也要将该理念作为根本宗旨。而真正深入贯彻和落实该宗旨就必须要先了解用户的具体需求是什么，之后再提出满足用户需求的具体方法。笔者认为，客观认知用户需求应包括以下三方面。

（一）目标用户

在新经济时代背景下，企业在进行产品策略的研究过程中，明确目标市场显然至关重要，但是还要将目标市场中的消费人群进一步细分，让产品究竟适合哪些人群变得更加明显，由此，方可确保产品在质量、功能、造型、实用性方面能够得到全面拓展，最终形成准确而又系统的目标用户。笔者认为，企业不仅要按照性别进行目标用户的细分，还要按照年龄段来进行细分。其中，可以将18～25周岁、25～35周岁、35～45周岁、45周岁以上各划分为一个档，并且将单身男女从中细化出来。最后，结合新经济背景下产品推广渠道的主要特征以及适应产品渠道的消费人群加以分析，确定25～35周岁的单身男女作为企业产品销售的目标用户。

（二）使用场景

结合当今时代发展的总体现状，不难发现人们工作、学习、生活中的节奏正在不断加快，选择购买产品的方式更加注重方便快捷，使用产品的过程也普遍呈现出"碎片化"的特征，对此，产品使用场景也成为公众进行产品定义的主要视角之一。基于此，笔者认为可将使用场景划分为公共交通工具、休闲娱乐、茶余饭后等。明确这些使用场景，产品在设计与研发阶段自然会有更加明确的方向，为产品在功能性方面的延伸提供客观依据，以确保企业产品与目标市场消费人群的需求吻合。

（三）用户目标

"目标用户"与"用户目标"文字排列顺序的变化造成了在产品定位中的作用各不相同，目标用户的确定意味着目标市场会就此得到明确，"用户目标"是指目标市场全体消费者的产品追求，也可以说在产品定位全过程中，"目标用户"的确定只是"前奏"，而"用户目标"的确定是进一步铺垫，最终理想的产品销售过程会将市场营销推向"高潮"。基于此，笔者认为企业要在明确产品特色的基础上，将产品进行更深层的分析，明确消费者使用产品后的期待究竟包括什么，随之将其进一步细化，进而让企业能够了解产品具备哪些方面会让目标市场消费者普遍产生浓厚的兴趣。

通过本节的观点论述，不难发现在新经济背景下企业全面开展产品策略创新研究过程中，关于产品的定位必须保持视角的与时俱进。其中，既要做到科学进行产品定义，也要针对用户的具体需求进行深入解读，由此，方可确保企业产品策略创新的基点更为坚实，充分调动消费人群购买欲的同时，实现目标市场的进一步扩展，让企业可持续发展拥有最理想和最基础的前提条件。

第二节 产品组合的新角度

在新经济时代背景下，产品推向市场的途径虽然呈现出多样化的特征，但也为企业提出了更多严峻的挑战，企业走单一化的产品之路显然已经行不通，产品组合固然成为该时代背景下企业发展的大趋势。笔者认为必须要保持全新的视角、明确必然会触及的问题、拓宽产品组合的路径、有效进行产品组合评价，这些方面是有效进行产品组合必不可少的条件。

一、相关问题

在新经济背景下，企业进行产品组合的过程中，通常会触及三个层次问题，必须将其加以有效解决才能保证产品组合能够推动产品在目标市场中的全面推广，以下笔者就点明必然会触及的三个层次问题，并对其作出相关分析。

（一）产品项目是否需要增加或作出相应删减

产品项目的上马标志着企业产品设计、研发、生产流程全面开启，而在当今新经济时代背景下，企业通常上马的产品项目往往不会只局限一个或两个，而是多个同时上马，操作流程为推广、设计与研发、生产。在进行产品推广过程中，就已经对新一代产品进行设计，在设计出新一代产品之后则进行相关的技术研发，结合研发成果进行新一代产品的生产（进行生产技术、生产材料、工艺的革新）。在这一过程中，并不是所有的产品项目都与目标市场的需求相统一，所以产品项目在设计、研发、生产的过程中，必须与产品推广和销售时消费者所反馈的切实需要相结合，由此，将产品项目及时进行增加或作出相应删减。

（二）生产线是否要进行扩展、填充或适当删除

针对新经济背景下的产品策略的创新而言，最终的目的无疑是准确把握稍纵即逝的商机，让产品能以最快的速度进入目标市场公众视野之中，唤起消费人群的普遍购买欲并转变为购买行为。特别是在产品组合的推广过程中，由于目标市场消费人群经过企业产品推广后已经变为了企业的客户，对新产品功能性方面有着更高的期望，希望新产品能够与已经选择的产品之间形成功能上的互补。为此，产品生产的效率就成为影响产品在目标市场中可持续发展的主要条件。企业生产部门必须结合生产线布局合理性地进行扩展、填充、适当淘汰生产设备，以此来提高产品生产效率，满足目标市场消费人群对产品组合的切实需求。

（三）产品组合的选项是否要增加或淘汰

就产品组合的市值而言，就是要通过将产品进行有效组合的方式，将产品自身的功能性加以有效互补，从而提升产品在目标市场消费人群中的满意度，达到所属品牌能够实现最大程度推广，企业自身也能获得更大的发展空间，提高企业发展的可持续性并保持又好又快的发展姿态。在此期间，并不意味着设计、研发、生产中的产品都适合与其他产品形成功能性的互补，成为一个完美的产品组合。要及时将不适合的产品项目在设计、研发、生产阶段淘汰，并且适当增加与其他产品之间形成功能性互补的新项目，从而打造出令目标市场消费人群高度满意的组合。虽然真正将其转化为现实是一项系统工程，但无疑是解决该产品组合问题最为有效的方法。

二、四个拓宽

从产品组合的构成要素来讲，产品系列的宽度、长度、深度、关联性

作为基本构成要素，其中要素不同所形成的产品组合自然也不同。在新经济背景下，若这四个要素与促进产品销售、增加产品利润紧密联系起来，那么产品组合必然会形成多元化发展趋势。

通常来说，增加企业的产品线可以让企业自身的发展潜力得到全面增强，同时能助力企业不断拓宽目标市场。将企业产品线延长，必然会推动企业所推出的产品满足目标市场的更多特殊需要。有效增强产品线之间的一致性，那么必然会帮助企业在市场中占据战略性地位，并且能够成为产品专业领域和技术领域的主导。

三、产品组合评价

企业寻求可持续和又好又快发展之路的过程中，必须客观审视所走过的路，从中找到优势与不足并作出及时的调整，而完成这一使命通常要通过与之相对应的评价机制，在新经济背景下企业产品策略创新过程中，产品组合是否能够充分满足当下与未来用户需求显然也要通过评价机制来反映。在这里，笔者认为将其转化为现实必须包括以下两方面。

（一）明确产品组合评价的原则

在进行企业产品组合评价过程中，必须坚持的原则包括发展性、指导性、客观性三方面，评价过程和评价结果能够为企业产品组合的全面优化提供重要的依据，并为企业的发展提供有力保障。

发展性原则是指考虑时代发展的切实需要，结合现有的产品和正在设计与研发的产品进行前瞻性分析，从而找出产品项目本身所具有的发展空间，有针对性地对产品组合进行优化与调整。指导性原则是指在进行现有产品组合的评价过程中，将其占有率、成长率、利润率进行综合性分析，分析结果客观反映出现实状况，帮助企业找到具有良好发展前途，并且预期能够成为主导未来的新产品。客观性原则是指在进行企业产品组合评价过程中，要考虑客观存在的状况以及未来会发生的改变，从而确保企业产品组合的评价结果更为准确，同时评价结果能够为有效调整产品组合提供最理性、客观的依据。

（二）合理选择产品组合评价的方法

针对产品组合的健全性和平衡性的评价而言，笔者认为最有效的评价方法是三维分析。其中，x、y、z三个轴分别用于表示产品的市场占有率、销售成长率、销售利润率，每个坐标轴分别由高段和低段两部分构成，进而分析产品组合可能呈现的八种情况。

如果企业所生产出的产品普遍都能处于三个坐标轴的高段，那么则充分说明产品组合已经处于最佳的状态。其原因非常简单，就是企业在推出任何一个产品项目之后，产品线不会马上呈现出高的利润率、市场成长率、市场占有率，而是需要经过由低向高转变的过程。其中，可能会出现利润率较高，但成长率和市场占有率较低的情况，也可能会出现利润率较低，但市场占有率和市场成长率较高的情况，但经过企业的苦心经营与不断探索最终研发出理想的产品组合，企业产品项目会达到一个理想的状态，同时这种理想状态也具有相对的长久性。

通过笔者在本节中所阐述的观点，可以看出在新经济背景下探索具有高度创新性的产品策略过程中，找到产品组合策略的新视角，并对产品组合的合理性进行客观评价是必不可少的一环，也是体现企业产品推广方案多样化，满足目标市场消费者普遍需求的有利条件之一，其作用和价值丝毫不亚于差异化分析，而在接下来的小节中，笔者就立足新经济时代背景下产品差异化分析进行论述。

第三节　产品差异化的深度分析

纵观新经济背景下企业产品策略构建的普遍视角，可以看出很多方面依然在沿用之前的产品策略，只是在细节方面进行相应的优化或调整，在研究与探索的层次上还有极大的挖掘空间，产品差异化分析显然是可提升空间之一。基于此，笔者在本节的观点论述中，就对如何进行产品差异化作深度分析。

一、明确产品差异化的实质

在任何时代背景下，企业在进行产品策略研究过程中，普遍会将差异化分析作为重要部分，并且在分析过程中尽可能做到细致，以求产品能够与市场上竞争产品之间形成明显不同。然而"不同"要能够在当下或者不远的将来转化为现实，绝非感性层面的不同。故此，在新经济背景下的产品策略创新过程中，产品差异化的深度分析必须先明确"差异化"实质所在，下面笔者就对其进行明确表述。

（一）高度明确"差异化不是个性"

"差异化"是指企业在顾客广泛重视的某些方面，力求在本产业中独树一帜。单纯从定义层面分析，极容易使人们产生误解，认为"差异化"指的就是"个性"。但实则不然，"差异化"遵循的是客户的现实需求，而"个性"更加倾向于感性层面，所以两者之间存在本质上的差别，后者显然不利于产品自身品质的可持续提升。为此，在新经济背景下，企业在产品策略研究中，深度分析产品差异化必须要高度明确"差异化不是个性"这一实质，故而才能保证产品策略创新的可行性和企业发展的可持续性不断增强。

（二）注重在用户需求偏好上的正确引导

众所周知，企业将产品推向目标市场后消费群体普遍会提出各种看法，除了理性的看法之外，还会存在感性的看法，这些感性的看法通常只能称之为一种期望，往往并不能在短时间内转化为现实。为此，企业在进行产品差异化分析的过程中，必须结合消费人群中理性的看法，找出与竞争产品之间存在的优势，辨明可进一步创新的出发点，并将其作用于新产品设计与研发活动之中。最终，将产品推向目标市场后，消费人群能够感受到产品在功能、美观、实用、价值方面呈现出的显著创新，正在向自身的期望逐渐靠拢，进而形成需求偏好的正确引导，而产品差异化分析的客观性与合理性自是不言而喻。

二、产品寻求差异化的步伐要科学控制

在任何时代背景下，企业在寻求产品差异化的过程中，都必须保持客观、冷静的态度，并且要进行理性的分析，由此，方可保证差异化分析的准确性。这一过程自然是科学控制产品寻求差异化步伐的科学方法，更是新经济背景下企业产品策略创新道路中所要坚守的初衷，以下笔者就以下两方面作出论述。

（一）企业产品设计与研发摒弃急于求成的心态

"急于求成"心态的产生必然会造成事倍功半的结果。特别是在新经济背景下，目标市场消费者在产品创新方面提出了更高的要求，虽然要将满足消费群体一切需要作为产品策略构建的根本宗旨，但是依然要结合企业产品设计、研发、生产的切实情况，以及技术、材料、工艺上的可行性，在方案可行、发展方向高度准确的前提下进行产品创新，找到突出产品差异化的方向所在，这样产品策略创新的实效性必然会更高，更有助于产品在目标市场中占据有利位置，同时也更有助于新经济背景下企业发展的可持续性得到最大限度的提升。

（二）从产品的品质入手寻求与其他产品的显著差异

过于盲目显然会导致产品寻求差异化的视角出现偏差，更会导致产品在推向目标市场之后很难得到消费者的广泛关注，购买欲和购买行为难以得到充分转化。这显然不能达到产品策略创新的预期目标，更会导致产品在目标市场中的占有率、利润率、成长率难以维持，企业也很难保持可持续发展的状态。基于此，在新经济背景下进行产品差异化过程中，必须严格把控品质关，从品质优势中寻求功能性、实用性、价值性、美观性的创新，进而让产品差异化真正转化为促进企业产品设计、研发、生产的核心动力，满足新经济背景下目标市场消费人群的消费需求。

三、"人优我新"的层次要牢牢把握

在新经济时代背景下，企业在产品设计、产品研发、产品生产过程中，真正做到细致入微，想目标市场消费者之所想，急目标市场消费者之所急，打造高品质并富有创新性的产品，显然是企业产品策略创新理想之路。对此，产品差异化分析要上升到"人优我新"的层次，在实践中应分两步走。

（一）强调品质优秀的同时更加突出创新性

品质优秀是每个企业产品设计、研发、生产过程中的不懈追求之所在，但在新经济背景下企业如何能更进一步突出产品的差异化，除了品质优秀，还要将创新做到极致，进而在博得目标市场消费者眼球的同时，还要让其看到产品的创新点。其中，创新的独到之处就是外观既要时尚又要突出独有的文化气质，在功能上既要适当体现科技感又要具有高度的便捷性，在材质上既要符合"绿色环保"理念又要突出牢固耐用的特征，这样才能满足企业目标市场不同消费者的切实需求，兼顾"优秀"与"创新"。

（二）真正彰显产品"以人为本"的理念

在新经济背景下的产品策略研究过程中，其实质是如何满足目标市场消费者的不同需求，让更多的消费者看到产品之后，愿意去深层了解、接受、体验产品，并最终将购买的冲动和欲望转化为行为。这一过程中，产品无论是在实用性、美观性、功能性、价值性上，还是在产品服务上都要体现出高度关注消费人群中的每一个体，切实做到让消费者普遍能通过产品收获幸福感，进而体现出产品独到的创新之处和人本理念。这是新经济背景下企业产品策略创新道路中深层次体现产品差异化的主要视角，也是产品策略创新的精髓所在，更是产品设计、研发、生产、销售追求"人优我新"层次的生动呈现。

第四节 品牌维护与传播的新渠道

市场营销显然与品牌战略密不可分，是产品全面推向市场并获得高度认可的动力条件，更是确保产品市场占有率的决定性因素之一。对此，在新经济背景下产品策略创新道路中，产品成功研发就意味着品牌推广已经有了核心元素，如何让产品得到市场的高度认可，就需要通过强有力的品牌维护和品牌传播加以实现，笔者在图 6-2 中先将其新渠道的构成因素加以直观呈现。

图 6-2　新经济背景下企业品牌与传播新渠道的构成因素

在图 6 -2 中，笔者已经明确新经济背景下企业进行品牌维护和拓展传播渠道必须关注的新视角，那么新视角中所涉及的必要元素显然是确保实践效果产生的重要条件所在。

一、品牌公关的新渠道

品牌公关作为品牌化发展道路中的首要环节，其作用就是让消费者认可品牌，从而达到认可品牌产品的目的。其间，品牌公关的内容构成、内容覆盖程度、口碑建设情况、启动方式都起着至关重要的作用。如果答案是肯定的，就意味着品牌公关的渠道能够促进品牌推广；反之，则不利于品牌在市场中的推广，消费者对产品的认可程度自然不会理想。

（一）品牌正面内容实现全覆盖

品牌公关是指企业、机构、团体或个人在对产品推广过程中，通过各种手段有效处理与社会、消费者、媒体之间的关系，确保品牌在社会中能够得到良好的反响，让产品能够在全社会得到高度的认可。所以，品牌公关活动是品牌推广活动的起始点，更是引导消费者产生消费心理，并最终转化为消费行为最有利的条件。其间，在品牌公关过程中，内容是否正面、能否实现全覆盖是基本前提，具体操作应包括以下两方面。

第一，明确品牌公关内容的基本构成。公关内容直接决定公关成果的成与败，内容构成是否真正具有正面引导作用，直接关乎消费者对品牌和产品的认知视角，最终决定了消费者的消费行为和消费市场占有情况。因此，在品牌公关内容上，应包括品牌活动主题、消费者心理活动分析、活动方式的选择等多方面，并且品牌活动主题能够宣传品牌的正能量、分析消费者关于品牌理解的视角、解读消费者对品牌有哪些需要，这样品牌公关过程才能"对症下药"，从而达到消费者认可品牌的目的，由此，认可品牌中所涉及的产品。

第二，深挖品牌特点与优势。在明确品牌公关的基本内容的同时，还要将品牌自身的特点和优势全面渗透其中，让消费者认知品牌的视角始终以促进品牌发展为中心。

（二）口碑建设的新视角

所谓"口碑"，指众人口头的颂扬，泛指众人的议论和群众的口头传说，在无形中对某些人、某些事、某些物进行了推广。其中，口碑好坏与否自然是对人、事、物的肯定与否定。特别是在新经济背景下，品牌和产品推广过程中信息化程度极高，群众的议论会在最短时间形成最大范围的传播，所以在品牌公关活动中，帮助品牌打造最佳的口碑成为关键中的关键，而口碑建设的过程应该挖掘出更多的视角，具体操作包括以下三方面。

第一，品牌口碑建设的素材要从新的角度挖掘和准备。素材的准备永远是某个活动顺利实施，最终达到预期目标必不可少的资源和条件，品牌公关道路中的口碑建设也是如此。笔者认为，应该从品牌形象、品牌起点的高度、与其他一流品牌之间的合作等方面，来确保消费者在开始关注品牌的一刻起，就能站在较高的高度去了解，在无形中形成较理想的品牌定位。

第二，要做到积极参与口碑讨论和监管口碑内容的变化。在品牌建设过程中，公众关于品牌的讨论往往需要进行正确的引导；否则就会使讨论视角出现偏差，进而影响品牌自身口碑。基于此，企业通过各种媒体传播途径，积极参与口碑讨论，同时将讨论内容加以监视，将监视结果不断进行深入分析。这无疑让口碑建设素材的挖掘能够拥有更准确的方向，为有效改进口碑内容和主导口碑讨论过程提供理想的前提条件。

第三，有针对性地改进口碑讨论的内容。毋庸置疑的是，公众对社会舆论的认知和讨论往往都具有一定的主观性，都会凭借自己的第一感觉去评价事物的好与坏，通常并不具备客观性，这样事物本身的口碑也就各有不同。因此，要想引导公众从好的一面讨论品牌，就需要结合新的口碑讨论素材，将原有的讨论内容进行有针对性的调整，这样品牌口碑建设的视角就会与品牌发展优势密切相关，公众了解和评价品牌与旗下的产品通常都会处于较为理想状态。

（三）"软性启动"方式的高度明确

在品牌公关活动中，开启方式是否科学合理会直接影响到将品牌推向市场效果的好坏。针对新经济背景下的产品推广，有效开展品牌公关无疑是最为普遍的选择。在此期间，如何开启公关活动就成为必须深入思考的问题。在这里，笔者整理并分析了诸多成功案例，认为采用"软性启动"方式开启品牌公关活动是最为理想的选择。其中，以下两个侧重点应引起高度重视。

第一，坚持长久性和持续性品牌推广并行。从"品牌公关"的实际意义出发，就是要让消费者主动说出产品的好，这与广告之间存在明显的差别，广告是企业自己说自己的产品好，因此，品牌公关需要经历漫长的过程，更要有科学合理的手段作为支撑。在这里长久性和持续性必须作为品牌公关活动的基本特征。

第二，高度认知品牌公关并没有明确的时间节点。从品牌公关不可缺少的利器来看，广告往往是品牌公关离不开的利器。但是需要切记的一点是，品牌公关与广告推广要保持同步进行，否则不但会造成资源浪费，而且品牌公关的效果也会极不理想。例如，新品发布会作为品牌公关最为理想的途径，由于之前没有推广广告，在新闻发布会当天，广告纷纷而至，人们看过新闻发布会后很难再去观看这些广告，这样广告本身就没有意义了，品牌公关也因没有做好前期的铺垫而难以达到预期效果。而这也说明品牌公关的启动方式并没有做到软性启动，品牌产品的推广效果自然也不会达到在新品研发阶段的预期目标，并且也没有充分展现出"软性启动"方式在品牌公关活动中发挥的重要作用，以及为品牌发展带来的重要意义。

二、品牌传播的新渠道

在新经济背景下，品牌的社会影响力大小直接关乎产品能否在市场发展的洪流中占得先机，最终让更多的消费者产生品牌的依赖感。在此期间，品牌公关无疑是最根本也是最关键的前提条件，而拓展品牌传播的新渠道则作为中坚力量。

（一）核心传播媒体的构建

核心传播媒体是品牌宣传推广，树立品牌形象的中坚力量，合理构建核心传播媒体自然成为打造品牌传播新渠道最关键的一环。企业作为构建主体，要在多个方面做好准备工作，并且不断加大投入力度，进而与之形成良好的合作关系，最终实现核心传播媒体的成功构建，在品牌推广和产品营销战略中发挥出强大的推动作用，具体主要包括以下三个方面。

第一，明确传播媒体在品牌传播中的作用。品牌传播作为品牌形象推广的一项重要手段和路径，媒体作为重要载体，发挥的作用在于将品牌文化推向社会，进而在行业内部形成强大的影响力，最终达到让产品占据消费市场一席之地的目的。在品牌传播媒体构建道路中，明确这一目的显然至关重要，并突出传播媒体在品牌传播中具有品牌文化推广作用，以及促进品牌市场竞争力提升和产品社会认可度的作用，为企业市场营销始终能够占据主动提供保障。

第二，客观制定核心传播媒体选择标准。从企业品牌传播的理想过程出发，既需要企业不断加大投入力度，又需要强调合作媒体的同心协力，保持相互的协调与配合，让品牌通过主流媒体向全社会传播，提高品牌知名度和影响力，树立良好的品牌形象，推动品牌旗下产品更好地被消费者认知，并从中获得较高的产品满意度。在此期间，选择哪些媒体作为核心传播媒体，具备什么条件的媒体才能认定为核心传播媒体，显然需要更加客观的分析，而这也是核心传播媒体构建的关键点，同时也是打造品牌传播新渠道至关重要的一环。

第三，搭建品牌传播核心媒体。在明确核心媒体选择标准并初步确定选择对象的基础上，随之要将选择对象的社会影响力、公众口碑等方面进行评估，最终建立合作关系并明确各自的责任与义务，搭建品牌传播核心媒体，让品牌传播能够拥有较为理想的平台。

（二）确定品牌全媒体传播模式

就当今社会发展的大环境而言，公众了解品牌不仅体现在口碑的口口相传上，还体现在了解渠道从有形化向无形化迈进上，媒体所发挥的作用更是无法替代。在新经济时代发展背景下，产品策略创新道路中的品牌传播显然要围绕媒体全面开展，而传播模式要面向"全媒体化"，进而在保证品牌以多种途径进入公众视野的同时，旗下产品更能得到公众的广泛认可，最终成为产品的消费者。

第一，开通各种媒体账号。从当今时代发展角度出发，媒体传播的模式正在由"新媒体"向"全媒体"传播模式迈进，也就是说，人们接收信息的途径呈现出多种形式，信息传递的速度和范围也随之达到了最大化目标，而这也成就了新经济时代的发展。对此，在该时代大环境和大背景之下，在产品策略创新道路中，也要将其作为重要出发点，让产品有更多的渠道进入公众视野，确保品牌推广的效果和市场影响力不断提高。

第二，开发企业专属品牌 App。随着当今时代移动互联网技术的飞速发展，人们不再局限于从纸质媒体和广播电视媒体获取信息，而是更加侧重移动媒体和公共媒体了解更多的信息，让信息的便捷性能够有效服务于自身的工作和生活。基于此，在新经济时代背景下，产品策略创新中，品牌传播的新渠道要立足移动媒体在信息传播中的作用优势，开发品牌专属的 App，从中确保品牌的市场影响力和产品的社会影响力不断提升，加快新产品在消费人群中的推广速度，提高消费者关于新产品的认可程度，使产品营销提升至企业的战略层面。

第三，企业官网的精心设计。在未进入移动互联网时代之前，互联网作为品牌传播最有力的手段，其效果更是打破了人们在品牌传播过程中的固有认知。但是在当今新经济背景下，产品策略创新道路中的品牌传播模式构建中，依然要注重传统网络传播的必要性，官方网络界面的设计与布局方面，应该更加体现出全面化和人性化特征，力求公众通过网络界面能够激发自身的浏览欲望，同时做到以最快的速度找到自己所要发掘的信息，这样品牌传播途径才能真正实现多样化，与时代发展大背景和大环境高度统一，产品必然会得到更多消费者的青睐。

（三）明确品牌传播模式的运行路径

结合上文笔者明确指出的品牌全媒体传播模式的意义、价值、侧重点，不难发现其为产品更好地推向社会起到的作用。那么，该模式在现实运作过程中，怎样才能将其作用充分发挥出来，就成为当今时代广大学者和有关从业人员关注的焦点所在。笔者认为，最行之有效的运行路径应由以下两方面构成。

第一，强调"互联网＋电视"路径的开发。"互联网＋"是创新 2.0 视角下互联网发展的新业态，这也成为各行业和各领域实现又好又快发展的新模式。从媒体行业发展角度出发，紧随时代发展大潮流与大方向，"互联网＋电视"自然成为媒体传播关注的新视角。企业品牌传播离不开媒体的支持，将媒体的"互联网＋电视"路径加以有效运用固然成为品牌传播重点关注对象。在这里，笔者认为应包括搭建网络电视平台、完善网络电视功能与内容模块、实时更新品牌发展动态和产品研发成果，以及品牌旗下产品消费者满意程度等，力求满足公众随时随地、想看就看的观看习惯，让公众通过这一媒体传播渠道更加深入地了解品牌，逐渐向该品牌消费人群靠拢，最终转化为购买行为。

第二，公共媒体的全面投入。众所周知，随着社会发展节奏的不断加快，公众的工作与生活节奏也随之不断加快，浏览产品信息的时间往往集中于搭乘公共交通工具的过程。对此，品牌传播必须迎合公众日常工作与生活的实际状态，将公共媒体作为品牌传播的主要途径。要加强品牌在公共媒体领域广告投放数量，注重广告本身的产品导视作用，确保公众了解品牌的同时，能够了解品牌旗下新产品的特征与优势，最大限度地调动公众的购买欲，促进公众购买行为的产生。这显然是品牌传播途径的重要补充，也是品牌和产品提高公众满意度的有力抓手。

三、品牌维护的新渠道

众所周知，品牌的发展需要经过从无到有、从小到大、从弱到强的过程，品牌在经历一段发展期后，知名度会有所提高，此时也标志着品牌宣传不是核心工作，而是要坚固品牌自身的形象，让品牌优势能够与同行业其他品牌之间拉开距离，形成良好的品牌维护。这样树立品牌自身良好形象的同时，逐渐体现出品牌的引领作用，进而确保品牌公关能够避免社会负面舆论影响品牌自身的发展，让产品的市场占有率始终处于最理想的状态。对此，在探究新经济背景下产品策略创新的道路中，深入挖掘新的品牌维护策略就成为不可缺少的一个重要环节，并且任重而道远，笔者认为应该从三方面入手，具体如下。

（一）语音通话

虽然当今社会已经进入高度信息化，信息化办公和信息化生活已经成为当今人们工作和生活的主要方式。可是，语音通话依然是较为有效的沟通方式之一。对此，在新经济背景下的产品策略创新中，品牌维护的渠道依然要将语音通话形式作为基本选择之一，电话回访成为了解品牌公众满意度和产品消费者满意度的重要途径，确保品牌良好形象能够得到永久性保持，具体应包括以下三方面。

第一，回访频率的科学测定。虽然电话回访是当前较为有效的回访方式之一，能够让公众和消费人群以直接的方式将自身品牌满意度以及产品满意度表达出来，但不可否认的是，在一段时间内回访次数过于频繁，或者回访次数过少，都会产生负面作用。前者主要体现在会让公众或消费者产生厌烦心理，后者则会导致公众和消费者很难将自己的想法表达出来，进而导致品牌传播和产品改进很难做到及时有效，从而不利于品牌公众形象和产品社会需求的有效保持和满足。基于此，电话回访的频率必须结合人们日常心理，通过科学的方法加以计算，确保品牌维护和产品升级换代能够做到及时有效。

第二，回访时间的合理化安排。在品牌维护工作中，电话回访显然需要占用公众和消费者的宝贵时间，如果不合时宜地进行电话回访，必然会导致公众和消费者在品牌电话回访中产生厌烦情绪，这不仅不利于日后长期有效地进行电话回访，还会导致品牌和产品的公众普及程度和消费者满意度不能被有效了解，更不利于品牌进行长期有效的维护。

第三，回访内容的高度精练。电话回访内容是否能吸引公众和消费者注意，显然决定了回访工作能否得到高度配合，也事关品牌维护和消费者对产品满意度的有效界定。在这里，笔者认为回访内容既要包括了解公众和消费者所从事的职业，还要适当减少回访时间，让回访对象在回访过程中高度满意，又能让回访的意义和价值得到充分体现，确保品牌维护和产品社会满意度的了解过程具有高效性。

（二）阶段性开展品牌网络问卷调查

从品牌维护的多渠道和信息化时代发展的角度出发，品牌维护的渠道显然离不开互联网，因为互联网的受众范围极大，各领域信息的关注度极高，因此，在进行品牌维护的过程中，要将网络问卷调查的方式作为主要选择。在这里，笔者认为必须注重阶段性开展的同时，还要在问卷调查的类型、内容、信息反馈的深度方面加大力度，确保品牌维护的效果更加趋于理想化。

第一，调查问卷的类别要与消费人群相匹配。毋庸置疑的是，品牌传播道路必然会将受众范围最大化视为根本追求，而这也意味着不同人群都要纳入品牌传播的受众人群之中，也会涉及各个年龄段的消费者。各个年龄段的消费者对品牌理解的角度不同，在产品需求心理方面也有着明显的差异。基于此，调查问卷的类别显然要有针对性地设置，由此方能确保调查问卷所呈现出的问卷结果能够集中指向品牌和产品未来发展。这就要求调查问卷的类别要做到公众年龄段和消费者年龄段的全覆盖，并且每个年龄段和消费者的调查问卷要有明确针对性和指向性，为阶段性网络调查活动的高质量开展提供理想的前提条件。

第二，调查问卷的内容要做到高度完善。在明确调查问卷类别的基础上，随之要将问卷调查的内容进行有效设计，确保调查问题的提出能够反映公众和消费群体在品牌或者产品方面的具体认知。其中，调查问卷的内容必须包括关于品牌发展的认知层面，旗下产品的实用性、美观度、可收藏价值等方面，让问题能够引导公众和消费者说出对品牌和产品发展过程的评价，由此，才能保证调查问卷的内容具有高度的完善性，并且体现出在品牌维护和产品升级换代中的意义和价值。

第三，调查问卷要包括公众和消费者的具体建议反馈。由于调查问卷中，公众和消费者对品牌以及旗下的相关产品是否认可，往往并不能通过问题选项充分表达出来，所以自然需要设置关于品牌和产品的"建议栏"作为补充。其中，内容包括了解品牌的新途径方面意见与建议，以及产品功能化、美观度、价值性提升的意见与建议。由此方可确保企业在品牌维护方面和产品更新升级方面能够有更为客观的依据。

（三）组织开展线下调研活动

在品牌维护过程中，有效开展线下调研活动有着特殊的意义和价值，也是品牌维护渠道的重要补充，特别是在新经济背景下，更是品牌和旗下产品公众满意度直观的了解方式之一。然而在实践操作中，真正将其转化为现实却并非易事，需要广大学者和相关工作人员在多个方面作出不懈的努力。笔者在下文中就主要针对线下调研活动的实施流程进行系统阐述，望其能够从中得到一定的启示。

第一，明确线下调研的对象。就品牌和旗下产品而言，中老年人群在了解的渠道方面通常局限于口口相传和亲身体验，向企业反馈信息的渠道通常也非常闭塞，而这也极容易导致在品牌维护以及旗下产品研发道路中，企业和研发团队忽视这一部分人群的切身感受。对此，在进行品牌维护的道路中，全面做到公众和消费者的信息反馈，必须将中老年人群纳入调研活动的开展范围，并且将其视为线下调研对象，真正做到调研对象可以根据品牌的关注情况，以及旗下产品的使用经历知无不言，言无不尽，让品牌维护和旗下产品升级拥有更为翔实可靠的依据。

第二，明确线下调研的方法。在线下调研的方法方面，笔者认为以面对面的形式开展效果更为理想，其原因在于面对面的了解过程既能更加直接感受到公众对品牌的了解程度和依赖性，同时能感知到消费者在使用旗下产品过程中的满意程度，这样更有利于品牌维护的直接性以及消费者对旗下产品的切实需要。这样的过程通常称之为"访谈法"。由于访谈活动的记录过程也具有信息全面收录的特征，故而为品牌维护的有效性提供最为强大的保障。

第三，明确线下调研的内容。在品牌维护过程中，在明确线下调研的对象和方法的基础上，随之要将调研的内容加以高度明确，确保调研对象所阐述的观点与看法能直击品牌传播存在的优势与劣势，以及旗下产品的研发应该朝着怎样的方向去发展，由此，更好地应对新经济背景下市场营销和产品策略发展要求，有针对性地作出战略层面的调整。在这里，笔者认为线下调研的内容应涉及品牌公众影响力、旗下产品的功能性、实用性、保值性、美观性等多个方面。

参考文献

[1] 朱加麟.新经济，新金融：新经济影响金融环境变迁与创新思考 [M].北京：中信出版集团，2016.

[2] 韦睿.国有施工企业市场营销策略设计研究 [D].石家庄：石家庄铁道大学，2019.

[3] 尹馨谊.电子商务背景下 X 公司营销策略研究 [D].西安：西北大学，2019.

[4] 郑嵩.互联网时代中小企业的营销策略 [D].北京：北京邮电大学，2019.

[5] 宋显隆.新创企业服务营销策略研究——以威海睿隆科技公司信息技术咨询服务为例 [D].石河子：石河子大学，2019.

[6] 武会斌.农产品加工企业市场营销策略研究——以 H 面粉集团为例 [D].天津：天津大学，2019.

[7] 赵斌.移动互联网背景下传统 IT 企业营销策略研究——以 S 公司为例 [D].武汉：湖北工业大学，2019.

[8] 刘朋.制造企业营销模式创新研究——以洛阳 E 企业为例 [D].洛阳：河南科技大学，2019.

[9] 陈宝森.对美国"新经济"的再认识 [J].世界经济与政治，2001(6)：46-51.

[10] 董微微.国外新经济理论的研究进展 [J].技术经济与管理研究，2014(8)：75-78.

[11] 程华，程伟波.新常态、新经济与商业银行发展转型 [J].金融监管研究，2017(2):81-92.

[12] 戴妃星."新经济"的理论悖论及其在中国资本市场的失灵 [J].南开经济研究，2004(2)：87-90.

[13] 李哲. 我国战略性新兴产业发展现状研究 [J]. 中国管理信息化，2015，18(8)161–162.

[14] 胡鞍钢，王蔚，周绍杰等. 中国开创"新经济"——从缩小"数字鸿沟"到收获"数字红利"[J]. 国家行政学院学报，2016(3):4–13，2.

[15] 高建宁. 新经济与资本市场制度创新 [J]. 经济体制改革，2000(6):112–115.

[16] 云红茹. 新经济进程中美国共同基金的新发展 [J]. 外交学院学报，2001(4)58–61.

[17] 赵永胜. 互联网背景下企业市场营销创新研究 [J]. 技术经济与管理研究，2020(4):72–79.

[18] 安蕊，朱芙泮. 企业市场营销管理及创新策略 [J]. 中国市场，2021(6):135–136.

[19] 张君玲. 客户关系管理在企业市场营销中的作用初探 [J]. 现代营销 (经营版)，2021(1):80–81.

[20] 胡宁宁. 大数据时代背景下的企业市场营销策略思考分析 [J]. 商场现代化，2021(4):44–46.

[21] 张佳蕾，王漫漫. 奢侈品公司的产品策略与定价研究——考虑新时代消费者特点 [J]. 中国科学技术大学学报，2020，50(4):497–515.

[22] 龚立恒. 新发展阶段商贸流通企业市场营销问题研究 [J]. 商业经济研究，2021(11):67–69.

[23] 李丽. 新经济背景下企业市场营销的创新方法研究 [J]. 商展经济，2021(16):30–32.

[24] 邱成峰，孙智贤. "互联网 + 营销"背景下企业市场营销策略探讨 [J]. 投资与创业，2021，32(17):29–31.

[25] 徐子越. 新媒体环境下企业市场营销策略 [J]. 商场现代化，2021(19):24–26.

[26] 张岩. 企业市场营销管理创新路径探究 [J]. 中国市场，2021(31):135–136.

[27] 苏琬雲. 网络经济时代企业市场营销策略研究 [J]. 经济研究导刊，2021(33):73–75.

[28] 王玮，陈丽华. 网络效应下创新企业的最优产品策略 [J]. 中国管理科学，2014，22(S1):560–565.

[29] 李瑶，白玉英，郭宏霞.网络营销产品策略策划方法探究[J].产业与科技论坛，2015，14(12):19–20.

[30] 丁晨.中国智能手机市场后入者的产品策略——以小米、华为、联想手机为例[J].品牌，2015(8):6–7.

[31] 李晨溪.中小企业市场营销问题分析[J].财经问题研究，2015(S1):56–58.

[32] 姜露茜.客户关系管理在企业市场营销中的价值探讨[J].商场现代化，2018(10):40–41.

[33] 仲赛末，赵桂芹.销售渠道、产品策略及其交互作用对我国寿险公司绩效的影响[J].保险研究，2018(8):64–80.

[34] 王夏，蔡宝玉."互联网＋"时代企业市场营销优化策略探析[J].商业经济研究，2018(19):49–51.

[35] 段彦辉.关于中小企业市场营销有效策略的研究[J].中国商论，2019(5):71–73.

[36] 刘嘉毅.客户关系管理在企业市场营销中的价值探讨[J].中国市场，2019(25):122–123.

[37] 龚振，周少明.论产品策略的风险防范[J].科技管理研究，2006(8):118–120，127.

[38] 詹兆宗.旅行社基于互联网的产品策略研究[J].旅游学刊，2005(2):37–41.

[39] 李艳玲.从生命周期理论谈企业不同发展阶段的产品策略[J].科技情报开发与经济，2009，19(30):182–184.

[40] 吴琼.零售企业O2O产品营销策略[J].合作经济与科技，2017(5):128–129.

[41] 李鹿嘉，李清立.房地产市场细分与产品策略选择的实践性探讨[J].北京交通大学学报(社会科学版)，2004(1):50–53，61.

[42] 刘朝宗.产品策略在企业的实际应用研究[J].企业技术开发，2007(06):58–60.

[43] 向晓梅.适应新常态发展新经济[N]经济日报，2016(05).